INDIVIDUATION

Wie wir werden, wer wir sein wollen.
Der Weg zu einem erfüllten Ich

個性

不只成為自己，更要超越自己

Christina Berndt

克莉絲蒂娜·伯恩特——著　王榮輝——譯

CONTENTS

目錄

推薦序

人所創造的自我，遠多於發現的自我

臨床心理師　洪仲清

「成熟並不是堅持自己一直都是怎樣的人，而是一個人有所成長，也透過自身的經歷變得更有智慧。所以成熟是一種過程，這並非意味著『發現自我』，而是懂得如何在人生中獲得的反饋與不斷自省中改變自我。」

「自我」會變化，而且從嬰兒到成年，很明顯幾乎是變成了不同的人。但我們的大腦，會讓我們維持一致的「自我感」。長年認識我們的人，看到我們某些言行舉動，還可能宣稱「你以前小時候就是這樣」！

在發展心理學中，先天與後天的經典議題，如今已慢慢有了折衷。先天設定固然對人有長期的影響，後天的學習與經驗，則會某種程度地改變我們的基因與神經。

自我採取了行動，而行動也塑造自我。

我喜歡說，自我是無常的。也就是說，我認為自我一直隨著時間在變化，沒有停止。

而且自我的範圍，並不限於軀體或大腦之內。我們所處的地域文化、物理環境，都時時刻刻影響著我們的生理、知覺、想法……大部分的影響都在無意識層次。換句話說，我們一直活在某種關係裡，這包括人際關係，也包括我們與地球萬物的關係。

那麼，所謂的成熟，便是我們在關係中，找到最具適應性的方式創造自我。

「人際關係是『自我』的結構。沒有這些關係，就沒有『自我』的概念。」

「你是你所擁有的所有關係的匯聚，不論是親密的、偶然的，或是介於兩者之間的。」

我很喜歡社會心理學家布萊恩．拉沃里上述的說法，可以很夢幻，也可以很真實。當我們投入一段關係，對方就不可避免地成為「自我」的一部分。當我們離開一段關係之後，部分「自我」就離我們而去。

這本書整理了不少跟個性或人格相關的研究，讓我回想起在大學課堂的美好時光。在某些爭議點上，作者有她的立場，這是理所當然的，所以保持獨立思考也相當重要。

整理研究結果的方式，也在傳遞某種價值觀或信念，這可以看成是作者的自我。我感謝作者能用不失趣味的文筆，以及邏輯嚴謹的組織能力，讓我有機會更新我的自我，並且想要立即從飲食與睡眠就開始注意。

祝福各位讀者，藉著閱讀這本書，享受自我轉變的每個瞬間！

導言　你的性格，你作主！

「在每個人身上，都有個我們不認識的自己。」

——卡爾・古斯塔夫・榮格（Carl Gustav Jung）

起初他們兩人幾乎是一模一樣的。

當保羅（Paul Holst）與楊—霍爾斯特（Jan Holst）[1]在一九八二年出生時，全家都十分歡欣。一對雙胞胎兄弟！人們幾乎無法分辨這兩個小男孩的差異，就連他們的性情也極其相似。他們是那麼的活潑與開朗。母親認為，他們已經步上屬於自己的坦途，所以無須為他們擔心。

然而，進入青春期之後，兩人的差別卻變大了。保羅懷有雄心壯志，努力用

1. 姓名經過變易。

功，順利上了大學。楊卻是誤交匪類，淪為罪犯，有時還會動手打人。當時他人生的「亮點」就是：一場兩年的徒刑。

究竟是為什麼，兩個起始條件相似的小伙子，居然會有如此不同的人生？究竟是什麼因素，讓他們一個成了有理想、有抱負的社會化青年，而另外一個卻成了冷酷無情的利己主義者，為了滿足自己的利益，全然不顧他人的財產和權利？難道說，光是因為在錯誤的時間點交到了錯誤的朋友，就足以決定我們的未來；還是說，得要有多種因素的共同作用，才會讓人生的道路出現不同的轉折？

人生唯一不變的，就是不斷在改變

「我們是如何成了當下的自己？」幾乎人人都會去思索這個問題。有時我們也會更進一步想到：如果條件更好一些，我會不會變成另一個不一樣的人？當有人責備我時，為何我的反應會如此情緒化、激動或覺得受傷？我如何才能過上更好、更幸福的生活？我又該如何保護自己，避免被不樂見的方式所改變？

許多專家學者都特別深入鑽研這些問題。心理學家、腦科學家與社會學家都在研究，一個人的性情究竟是如何形成的。長久以來，他們一直認為，每個人的性格都是在某個核心自我（也就是真實自我）裡，在年輕時或許會產生扭曲、變形，可是日後人們還是可以找尋自我，進而實現自我。無論是精神分析學家、共產主義者、存在主義者還是嬉皮，他們都為「自我實現」的想法所著迷。不過，時至今日，專家們卻不得不承認：多年來，他們的出發點其實是完全錯誤的。

無疑地，我們是帶著某種鮮明的個性誕生在這個世界上，在我們出生後不久，別人就能看出這樣的個性。然而，它將如何發展，這顯然會受到我們所經歷的事和所遇到的人所影響。如果在另一個地點、另一個時間，或是在另一個家庭裡長大，或許就會讓我們變成一個完全不同的人。

發展心理學教授維納・格列佛（Werner Greve）表示：「從出生的那一刻起，一個人的性情就在改變，這是從第一秒起就開始的。」每個人每一天都會受到種種新的影響。此外，在與環境、生活經歷、支持者和反對者的互動中，人們還會以適合自己的方式建立起他所認為的「自我」，可以說，「創造的自我」遠比「發現的自我」還要多。其結果就是產生了一個如人生拼圖般的自我，在周遭的諸多因素影響下，它又會發生變化。

在「創造的自我」中，有個魔咒叫做「共鳴」（resonance）。這種現象原本是指在聲學系統的共同振動。不過共鳴不單只是每天發生在我們的內耳裡，它也發生在我們的社交互動中。

社會學家哈特穆特・羅莎（Hartmut Rosa）指出了共鳴對於社會生活的意義。他將共鳴描述成「當人們融入某種『世界關係』時所產生的感覺」。當我們在執行一項富有意義的任務，可能因此獲得正面的回饋時，當我們在看山觀海之際覺得心胸開闊時，當我們與好友交心、當音樂觸動我們的心靈，或是當我們的球隊得分時，我們都會產生共鳴。當缺少共鳴時，我們則會與所處的世界產生疏離感。

近來心理學有越來越多探討共鳴的主題。畢竟，人的心靈也是一種共鳴系統，它會在外界的影響下持續發展。我們與人的邂逅、經歷與經驗會在內心產生作用，產生改變，繼而再度向外傳遞。人類總是不斷與其所處的環境進行交流，人們的存在與意識也會因此受到影響。

共鳴這種現象對我們的影響遠不止於在當下的一時半刻，最終甚至會錨定在基因裡，誠如表觀遺傳學（又譯「表徵遺傳學」）的新研究分支就充分說明此事。我們所經歷過的，都會以化學信號的形式寫入遺傳物質中，如果共鳴感特別強，發生於基因裡的分子變化日後也很難被抹去。

不過，共鳴並非總是正面的。人們不單只會在友善的對話中產生共鳴，像是彼此給予充滿喜悅的肯定，或是在會議中受到上司頻頻點頭的贊同，甚或表達有意提拔的認可。人們其實也會與負面的環境產生共鳴。身為社會性動物，人們會接收並感知到周遭所發生的事情。一個充滿愛的環境可以讓人獲得快樂的正向體驗；相反地，一個惡劣的環境則會使人在充滿恐懼的情況下一再產生負面的經驗。就連排外主義與法西斯主義也都是共鳴事件，而且還是非常強烈的共鳴事件。

在幾十年的時間裡，人生會經歷許多動盪與變化。有些會讓我們極為震撼，有些則只是讓我們產生些許動搖。就這樣，我們會產生多采多姿的體驗，會發現晴天霹靂的真相，也會遭受痛之入骨的傷害。簡言之，我們會變成自認為「成熟的人」。一個成熟的人，就是經歷過很多事情，且讓自己因這種經歷而改變的人。成熟並非堅持自己一直都是怎樣的人，而是一個人有所成長，也透過自身的經歷變得更有智慧。所以成熟是一種過程，這並非意味著「發現自我」，而是懂得如何在人生中獲得的反饋與不斷自省中改變自我。

在「發現自我」這種思維征服西方世界前，哲學家早就產生過一種想法，那就是：人類會適應自己在這世上所選擇或嚮往的位置。早在上古時期，斯多葛派學者就曾談及，人如何「在實做中形塑自我」。如果改用現代的白話來進一步解釋，那就是：一個人如何成為什麼，一個人如何成為自己，或者，一個人如何創造自我。這是一種創造自我、形塑個性的過程。

這樣的過程往往是在被動、無意識的情況下發生。我們會受到影響、產生共鳴、接受他人的想法、自我調適。當然，我們也會主動發揮影響力，也操控著自己所經歷的一切。是以，我們會摒棄那些不利於我們的損友，或是選擇具有一定社會地位的職業，而非只希望能發揮才能。我們也會組建家庭，或是在異國他鄉遇見嶄新、至今未曾知曉的種種感動。

在柏林洪堡德大學教授人格心理學的茱莉・史派西特（Jule Specht；她是該領域最知名的專家之一）表示：「根據我們如何為自己的人生道路設定方向，我們會遇到與原先預設截然不同的種種要求，也可能自然而然順應這些要求，而這些事件和做法都會在我們的個性上留下痕跡。」

每個有點年紀的人都曉得，自己已經在某種程度上發生了變化。例如，人們可能會突然對於某些從前漠不關心的事情很感興趣；反之，某些自己年輕時極度痴迷的事情，如今卻是嗤之以鼻。但這些都不一定代表某種個性的根本改變。

一個人到了四十多歲，就無須再像二十多歲那樣，非得參加每場派對，但他還是可以當個外向、健談的人。也許他現在會在前往超市的途中，跟每個他認識的人聊天，而不是在舞廳裡泡上一整夜。不過，人生過程中當然也會產生種種變化，它們使得一個不愛交際的人變得長袖善舞，也可能會讓一個喜歡秩序、講求確實的人，變成了一個搞不清楚帳目、有客人來訪時也不把髒襪子收起來的邋遢鬼。

我們也可以在自身的性情上下功夫，讓自己有所改變。發展心理學家維納•格列佛曾表示：「到了五十五歲時，我們當然還是可以去學跳舞，但並非每個到了這個年紀的人都還能成為佛朗明哥舞者。」除了身體上的局限以外，有種陳腐思想也在阻礙我們，那就是認為要改變「自我」並不是件簡單的事，特別是當一個人被周遭的人認定是某個角色時尤為困難。在小鄉鎮中、在前人和同事早已建立規矩的陳舊職場裡，人們都很難擺脫種種習以為常的想法。格列佛表示：「別人的反饋往往會阻礙我們改變。在一個新的環境裡，要產生改變會比較容易。」

那麼，是什麼讓我們成為「當下的我們」呢？我們有哪些可能性去主動操控這樣的過程？我們能夠成為自己「想要成為的人」嗎？許多耐人尋味的嶄新研究，有助於我們更加了解自身的個性化過程。這些研究顯示，哪些生活條件與哪些決定對我們具有最強烈的影響。促使我們成熟的，未必只有人生中的巨大挑戰。我們也不必擔心負面經驗與來自外界的不良影響長期下來必然會產生負面影響，就連童年的重要性同樣也為人所高估。

我們的個性如何發展，這點其實在很大的程度上是取決於自己。昨日之我是什麼人，並沒有那麼重要，更重要的是，今日我們的所作所為。

一、萬事皆可能

「在前後不一的時刻，我們最像自己。」

——奧斯卡・王爾德（Oscar Wilde）

比爾包默（Birbaumer）老先生或許從未想過，自己的那個流氓兒子會有這麼大的改變。他曾不得不在恐嚇及威脅下逼迫他的兒子尼爾斯（Niels）不要總是在外面鬼混，跟著滿口髒話的幫派成員逞兇鬥狠。為何這個兒子後來居然會成為一個為弱勢者爭取權益的人呢？當時，在一九六〇年代的維也納，恐怕任誰也都無法預見會有如此大的變化。

如今，尼爾斯・比爾包默不只是一位著名的心理學家及神經科學家，他的研究震驚了整個世界。更重要的是，他還以致力幫助那些無法捍衛自身權利的人而聞名於世。

出生於一九四五年的尼爾斯•比爾包默其實早已退休。然而多年來，他只專注於一個目標，那就是：讓那些無法說話，甚或完全不能動又或眨眼的人被傾聽。這些人在意識清楚的情況下，卻被完全禁錮在自己的身體裡，因為一種名為「肌萎縮性脊髓側索硬化症」（amyotrophic lateral sclerosis；縮寫：ALS，俗稱漸凍症）的可怕疾病，剝奪了他們對於肌肉的所有控制。這位教授將帶有感應器的氯丁橡膠帽戴在他們的頭上，記錄腦電波，希望藉此讓那些患者的想法變得可視。他表示，透過這種方式，他找到這些人能夠表達自身想法的唯一管道。

晚餐時想要喝口茶？想要嚐點草莓霜淇淋？想要進行一場艱辛的朝聖之旅？比爾包默表示，他研發的技術能幫助患者表達自己究竟是想還是不想。他希望能幫助完全癱瘓的人傳達內心的願望與需求，更希望他們能真正地活著。

有誰能比比爾包默更具同情心？患者的家人都崇敬他，視其如同聖徒。然而，住在維也納工人區（比爾包默過去曾在那裡成長）的鄰居與親友，對他卻有著截然不同的看法。

在比爾包默年輕時，人們完全看不出，未來他會成為舉世聞名的心理學教授，榮獲無數的名譽博士學位。

當時的他就是「邪惡」的代名詞。這位忠貞堅定的共產主義者之子，在年輕時加入了一個由小混混組成的幫派，他會不假思索地竊取陌生人的錢財，把車子撬開，偷走收音機，只為換點錢買輛新的腳踏車或嫖妓。

比爾也有暴力傾向。當時有位同學在學校裡偷了他的一個三明治，讓他大為光火，於是他拿把剪刀刺傷小偷的腳，此舉讓他因傷害罪而遭到為期兩天的青少年拘留。

如今，比爾包默笑看那段不堪回首的過往。在他位於圖賓根大學的工作室，他坐在紙張堆積如山的房間裡，牆上掛滿全世界頒發給他的榮譽博士學位證書，以及他所崇敬的音樂家舒伯特的肖像。在這樣的工作環境中，他為那些無法表達自身想法的人們四處奔走，努力爭取關注。「這些人沒有任何遊說團體的援助，除了少數親友之外，沒人關心他們。」這個滿頭白髮、身材矮小的男人說道，「利用這些方法，人們就不能對那些人視若無睹。」

他依然酷愛穿著黑色衣服，就像昔日在幫派裡那樣。然而除了衣服的顏色以外，這位富有同情心的教授，與昔日那個冷酷的汽車竊賊相較，兩者可謂天差地別。

不過，為何他會有如此驚人的轉變？

「是來自外在的壓力。」比爾包默說道。「多虧了我的父親，我才得以變好。」他父親將他帶到另一個不同的環境裡，並警告他，如果他再不立即改變自己的行為，他就得去當軟墊工學徒。「那對我來說會很辛苦，於是我決定繼續上學。」就這樣，比爾包默把握這個契機。他轉到另一所學校就讀，順利從高中畢業，之後進入維也納大學學習心理學與神經生理學。他在二十三歲攻讀博士，二十九歲即被圖賓根的左派學生推選為教授。

他很適應這個新環境。他表示：「我們住的那區奉行弱肉強食的叢林法則，但後來我去了斯圖本巴斯台（Stubenbastei）第一區的一所學校。那裡寬廣的世界讓我大開眼界，有猶太老師、俄國老師，還有許多不同出身背景的學生。突然間，學習與知識的領域變得比被幫派裡的人認可更有意思。他說：「如果外界有足夠的影響力，或是一個人真有決心，他確實可以徹底改變。」像他就從一個兇惡的幫派份子變成熱心公益的好人。

儘管如此，比爾包默的內心深處卻始終藏了個激進份子。近來，他遇到一個很大的麻煩，他被指控，在解讀漸凍症患者的想法時，美化了自己的研究數據。德國科學基金會懲處他在五年內不能再向該機構申請研究經費，同時也禁止他擔任鑑定人。該基金會明確表示，比爾包默在他造成轟動的想法解讀著述中，做了「虛假的陳述」，選擇性地發布研究數據。比爾包默承認，自己的確沒有公布某些數據，但那是因為他不得不一再中斷對於重症者的研究。他依然堅稱，自己能與被人認為「完全封閉」的人進行交流。

在於維也納遭到青少年拘留的六十年後，已邁入老年的比爾包默仍持續與權威爭鬥，只是他已有所改變。他積極使用自己的能力，專注研究漸凍症，質疑那些被炒得沸沸揚揚的療法，並嘗試前人未曾探索過的領域。

比爾包默的故事並沒有那麼驚人，畢竟許多人都會利用自身的內在潛能，讓人生重新開始。許多研究也證明，成年並非意味著就此停滯不前，因為大腦具有十足的可塑性。

但是，哪個比爾包默才是真的呢？是昔日那個粗魯、無良的人，還是今日這個為重殘者奮鬥、懷抱強烈人文理念的人？其中是否有為了獲得認可與成功，而去扭曲自己的真我？又或者，他其實還是本來的那個人，只不過因為意識到自己必須這樣做才能繼續存活下去，所以行為方式才會有所不同？

事實是：根本沒有真正的「自我」；這點不僅適用於比爾包默，同樣也適用於我們所有的人。也就是說，沒有人能在自身發掘出固定不變的性格，我們身上並沒有我們所認定的、無可動搖的核心。相反地，現代心理學指出，我們每天都在調整自己；或者，更準確地說，我們是在自我調適與持續發展，也會從生活中不斷學習。

關於「做自己」這件事

這項認知或許會令許多人震驚，畢竟我們相信，會確切知道自己是什麼樣的人。我們終其一生都在分析自己、忠於自己，探索自己的需求，並進而形成理想，也堅信自己會按照這些體悟生活，唯有如此，才能無愧於己。澳洲昆士蘭大學的社會心理學家羅伊・鮑麥斯特（Roy Baumeister）就表示：「人們總會努力地以真實的自己付諸行動。」

「活出真實的自己」是主流意識

忠於自己，在我們的社會具有重大的價值，因為「真實」能為社會群體提供安全的保障。一個人若是真誠不虛偽，人們就可信任他，也能以某種方式加以預測。

我們的文化也十分推崇真實性。對於從沙特、卡繆到海德格等存在主義哲學家而言，真實性甚至是道德的前提。齊克果曾鼓勵世人：「成為真實的自我！」這種信念的基本想法是，道德之所以產生，乃因為人們真實地行事，因為他們不讓短暫的利益與承諾，阻擋實現正確生活的崇高需求。抱持著崇高道德要求的智者、哲學家與教師，像是蘇格拉底與耶穌，甚至寧可放棄生命，也不願背棄自己的理念。耶穌讓自己被釘上十字架，儘管他本有機會在大祭司面前拋棄自身的信念。然而，即使面臨死刑的威脅，他仍再次重申自己是上帝之子。蘇格拉底將毒藥一飲而盡，儘管他認為自己是被冤枉，也有機會逃獄，然而此舉將與他自身的原則相牴觸，他尊重國家及司法權甚於對他的錯誤判決。

願意為自己的信念放棄一切，這樣真實的人格令我們著迷。時至今日，「真實地活著」成了好事一樁。從小我們的父母、老師、心靈導師就建議我們要「完全做自己！」是以，在哲學的巍峨殿堂，可以發現與沙特、蘇格拉底及齊克果等人相似的理念。在流行文化的通俗世界，人們也在稱頌要做自己。知名的流行歌手安德烈亞．貝格（Andrea Berg；她的專輯之一名為《此夜值得每一宗罪》〔*Diese Nacht ist jede Sünde wert*〕）曾說：「我是真實的，我不會對任何人裝腔作勢。」這種說法與她完全不同類型的柏林黑幫饒舌歌手德索．道格（Deso Dogg）相較並無二致（他曾唱道：歡迎來到我充滿仇恨與血液的世界），他在因敘利亞的薩拉菲恐怖主義而喪命前曾說：「我可以說，我是真實的。」這更體現了另一位世界級歌手、有「亞維儂雲雀」之稱的米蕾耶．瑪蒂厄（Mireille Mathieu）所說：「真實終會獲得回報。我永遠是我。」

顯然一個真實的人總會擁有許多粉絲，那些看起來不誠實、自我扭曲或見風轉舵的人則會為人所不齒。

在管理階層中，誠如《商業週刊》（*Wirtschaftswoche*）所述，「真實」一詞近來也已成了慣用語，幾乎被視為某種成功的保證。彼得．特里烏姆（Peter Terium）

在二〇一二年擔任萊茵集團（RWE AG）的執行長時曾表示：他想要「在不失真實性下領導。」麥德龍集團（Metro AG）的執行長歐拉夫・柯霍（Olaf Koch）曾在某次受訪中說道：「忠於自己是很重要的。」摩根大通銀行的執行長傑米・戴蒙（Jamie Dimon），曾被溝通分析網站 Quantified Communications 公司評選為最真實的執行長，因為他「開誠布公」。

只有極少數的知識份子逆風而行，像是蘇姍娜・布萊特—凱斯勒（Susanne Breit-Kessler），這位巴伐利亞邦的福音派地區主教，再也受不了對於真實性的大肆吹捧。不久前，她曾罵道：「真實，這是個時髦的詞。有時我一想到『每個人都可以是真實的』這種說法就來氣。天啊！如果真是這樣，這表示眾人的行為舉止得與他們內心的想法完全契合，也就是不單只表現友善、聰慧、樂於助人的那面，令人作嘔、卑鄙、殘忍、愚蠢且完全冷漠的陰暗面也必須忠實呈現。」

「自我實現」的需求層次

於是乎，（幾乎）所有人都在努力追求這種不可撼動的真實性。如果我們認為自己的行為舉止不夠真實，就會感到不舒服，我們會覺得自己在撒謊、在作弊、在背叛自己的原則。不忠於自己會造成某種空虛的感覺，這也使得「自我實現」的想法被帶入二十世紀中葉的心理學領域。

人本主義心理學的創始者馬斯洛（Abraham Maslow）率先於一九五四年這麼做。他認為在人類的所有需求中，自我實現是最高層級，當人們滿足其他的所有需求（從食物開始，再逐步追求安全、愛、歸屬感，以及認可和尊重）後，才會為人生戴上這頂王冠。他認為，當所有其他的需求獲得滿足時，人們就會感到不安與不知足，他們會尋求發揮自己的能力與才華，希望能有進一步的發展，賦予人生某種意義。

在一九五〇年代時，歐洲與美國的人民其實還對其他的許多事情感到憂心，不過馬斯洛的想法卻很快就獲得世人的熱烈推崇與重新詮釋。到了一九六〇與一九七〇年代，自我實現的觀念更與當時的年輕世代完全合拍，他們對父母親所屬戰爭世代的陳腐、虛偽與反智十分不以為然，畢竟，許多人為了在極權統治下求生而背叛了人道的原則。身處同樣僵化且虛偽的戰後社會，當時的年輕人更堅信應該爭取解放，尋求屬於自己的嶄新想法，以及自己想要奉行的理念。不久之後，自我實現就有了更多的衍生意義：發現自我，尋找屬於「我」的真正自我。

然而，在這當中，有多少是存在於人們長期尋找下——例如借助冥想、避世，或是另闢新徑、脫掉陳腐的長袍後，最終所發現到的「自我」？那些人們認為是在自身發現，且傾注理想所追尋的事物，難道真的別無選擇嗎？據說，當皇帝與教會在沃姆斯（Worms）給馬丁・路德最後一次機會，撤銷其頗富煽動性的主張時，他曾表示：「我只能挺身而出，除此之外，別無選擇。」這位宗教改革者就如同蘇格拉底，寧可為自己的顛覆性思想承受後果，也不願背棄它們。路德表示：「我不能，也不會撤銷任何言論，因為違背良心行事既危險又無益。」他認為如果拋棄自己的信念，就等於背叛自己。

我們會捍衛自己所塑造的形象

那麼，如果一個人想要完全地做「他自己」，難道真的沒有其他可能嗎？

不，根特大學的心理學家保羅・韋爾哈格（Paul Verhaeghe）表示：「身為人類，我們總是有選擇的餘地。」如果我們對自己誠實，就必須向自己承認：我們絕非如同自己所相信的那般恆定。一個慷慨且富有同情心的人，經常會放點零錢在路邊乞丐的杯中，但也有某些日子他會不想那麼做，也許是因為心情不好、當時正在下雨、因為他剛得知自己的帳戶餘額低得令人沮喪，也可能是因為他只想獨處而不願與任何人有接觸，又或許是因為他才剛被人痛罵了一頓。

在這些時刻裡，那個慷慨的「自我」在哪？它是自己躲了起來，還是被某股外部勢力給劫持？或者，它正與自我的另一個同樣具有社會性、但卻更為理智的部分爭論著，認為樂善好施只會減少先進國家的人民福利或助長東歐的乞丐同夥。

雖說在仔細觀察下，我們的確能發現某些與自身形象相反的論述，但往往仍會堅持自己對於「自我」的評價。例如，就算我們自認有時絕稱不上慷慨，卻仍堅信自己「其實」是個慷慨的人，至少基本上是如此，只是難免偶有例外。也就是說，我們會維護自己所塑造出來的形象，並竭盡全力捍衛它。

每個人都與眾不同

一個啟蒙的人會努力追尋他的自我，因為自我能使他在一個難以控制的世界裡保持穩定，安身立命，它告訴他：你是獨一無二的，你的行為、感受及決定異於他人，你的確是個個體。曾長期任教於柏林工業大學的奧地利心理學家伊娃・賈格吉（**Eva Jaeggi**）表示：「身分其實是對於『人具有自己的特質』這件事的意識。」

早自一個小孩首次在鏡中認出自己的那一刻起，他就對自己感到好奇。他會在生氣、欣喜或哭泣時觀察自己，尤其在哭泣的情況下，會特別喜歡照鏡子。他希望在自己的所有面向裡更深入認識自己，並且與他人進行比較。他每天會從中發現更多關於自己的資訊，做出日益翻新的種種結論，從而形成他將之理解成「自我」的形象。賈格吉表示：「即使是最年幼的人也會感覺到，有哪些東西是屬於他自己的，他可以用某種方式捍衛這些東西免受他人侵害。」

「我與眾不同」——這種想法正是人們即使在長大成人後仍會在自我反思裡感受到的核心。從嬰幼兒時期照鏡子的那一刻起，我們就會一輩子持續觀察自己，並修補自身的形象。畢竟，我們小時候在鏡子裡看到的那個人不斷地在變化，會遇到對這個幼小、正在發展的自我造成影響的他人，進而導致某些微小，或幾乎無法察覺的變化，但有時也會造成某些較大的改變，甚至是發生戲劇性的巨變，經歷令人刻骨銘心的事。

在歷經那樣的大事件後，有些人會說，他們覺得自己宛如重生，與從前已截然不同，他們的舊身分幾乎不復存在。專家稱此種現象為「保羅歸信」（conversion of Paul the Apostle）；其典故是出自基督徒迫害者掃羅的轉變，由於在前往大馬士革的途中遇到了復活的耶穌，掃羅變成了虔信的基督徒保羅。

當然，改變的情況不一定總是那麼劇烈，有時也可能只是生活態度發生變化。例如在一場嚴重的意外事故後，某人會對自己的存在價值與脆弱不堪有全新的認知。也可能是罹患致命性的嚴重疾病、經歷痛苦的生離死別，又或是被父親逼迫去當個軟墊工學徒。

人生就是不斷改變的過程

總的來說，人們會在經年累月下發生令人驚訝的改變。諸如我們的喜好、生活方式、看重的事物，當然還有我們的外表，都會變得截然不同。就連我們的大腦與基因也都會發生變化，它們其實具有明顯的可塑性。

正如新的研究結果所表明，即使在我們長大成人後，大腦仍會發育新的細胞，因此可以建立新的連結，從而影響我們的思維與意識。藉著表觀遺傳的過程，基因會不斷發生分子變化，其中有些會對我們的行為產生持久的影響。經年累月，所有這一切都會促成產生巨大改變的可能性。

基本上，就像赫拉克利特（Heraclitus）所言：「Panta rhei」，萬物皆流，世事無常，萬物恆變。我們步入同一條河，但我們步入的卻又不是同一條河；我們是我們，我們又不是我們。如同世界，人類也總是在運動著，總是在重新建構自己。自我體驗並非向內心探尋審視，實際上，它只是自我高度複雜且持續建構過程的隱喻。

哲學家湯瑪斯・麥琴格（Thomas Metzinger）甚至由此得出結論：我們「什麼人都不是」，「自我」這種東西並不存在。不過，這種說法對於人類的自我卻也不盡公平。儘管我們不斷在變化，一直處於「流動」之中，卻仍能意識到自己是一個個體。

如同我們的人生長流，萊茵河也在不斷地變化。格列佛表示：「昨日的萊茵河已不再是今日的萊茵河。」它改變了自己的河床，河水也不斷被更替，儘管如此，卻沒有人會說：「今日的萊茵河有點像多瑙河。」它依然是萊茵河。

這種觀點同樣也適用於人類的個性與人生長流。我們知道，自己是在二十五年前曾與朋友共同穿越西伯利亞的那個人；我們明白，自己曾在十年前於戈爾本（Gorleben）參加過反核廢料示威抗議，並阻止了運輸貨車的前進；我們也曾經養過一隻叫做彼得的愛貓。即便從那時起我們知道或隱約覺得，自己在某些特質上已經發生極大的改變，但依然明顯感受到，我們這一輩子都會是同一個人，我們擁有毫不間斷的過往。

自欺欺人？其實是大腦欺騙了你

然而，「我們是同一個人」的這個事實，並不表示我們與昔日學生時代或擔任實習生時具有相同的個性。因為，確切的情況、諸多的細節、我們從前的理想和目標，以及彼時所萌生的感受，凡此種種，我們早已對它們做了改造。我們以符合現今所需的方式去編排記憶，以便讓自己可以繼續確信：這就是現在與過去的我。如此我們才能說服自己：當時的我別無選擇，如今的我同樣也別無選擇。

即使到了三十、五十乃至七十歲，我們仍能很有把握地憶起，年少時的自己是如何樂於助人或一心只想去環遊世界，但自己卻已不再是同樣的那個人了。我們早已忘記與今日的自我形象有所矛盾的那些往事；或者，我們會以能夠解釋「今日的我」的方式，將它們合理安插在人生故事中。

比起我們的記憶，與此並行的「經歷鍍金程式」運作得更好，它使我們忘記痛苦的記憶，讓我們不堪回首的可怕童年可以被攤在陽光下。無數的研究顯示，我們的記憶會選擇性地照亮過往的人生，而且會不斷重新去適應它們。就這樣，我們會在某些往事上（從而也在過去的自我上）欺騙自己。我們的選擇性記憶修剪了過去，促使它們符合現今的生活。

當下印象VS.過去記憶

「我昨天跟人閒聊時曾說過哪些有趣的事嗎？」我們的大腦每天都會自問這個問題。事實上，我們根本無法真正記住昨日曾說過的話。美國學者麥克・沃爾夫（**Michael Wolfe**）與陶德・威廉斯（**Todd Williams**），藉由一項實驗證明了這點。

這兩位心理學家在線上詢問了五百四十八位受訪者，對於兒童體罰有何看法。這個研究主題的重點不在於是否可以毆打兒童，或是此舉會對他們的成長造成什麼影響。這項調查與道德無涉，而在釐清體罰能否幫助實現教育目標，參與者應當不假思索地憑直覺作答。

在做完調查的幾週後，其中一百二十八位受訪者閱讀了一篇文章，主題是在教育上採行體罰是否會有所幫助，文中提出了種種支持與反對的論點，這些論述對受訪者的態度產生了顯著的影響。那些原本認為體罰能有效改善青少年紀律的人，在得知與自身相反的觀點後，突然變得反對暴力；反之，那些原本認為體罰對於兒童教育完全沒有任何幫助的人，卻被與之相反的論點給激化。後來他們又被問到，在閱讀那篇文章前，他們的立場是什麼。結果大多數的受訪者居然都堅信，自己自始至終都抱持當下的想法，並未受所閱讀的文章影響而改變立場。

那麼，我們之所以自欺欺人，是不是因為我們不想承認自己有時也會犯錯？不，並非如此。這種扭曲過往的想法並非是故意要自我欺騙，而是人們會更快想到最近才剛讀到的那些論點，而把它們內化成自己既有的想法。沃爾夫表示：「不費吹灰之力就能想到的事情，會讓自己覺得那些事才是好的或對的。」並且大腦也會覺得，自己始終都抱持同樣的看法。

不僅在認知表現（例如面對難題的態度）上如此，我們對於自己的自我評估，也是同樣的情況。心理學家凱西・麥克法蘭（Cathy McFarland）與麥克・羅斯（Michael Ross）曾做過調查，詢問人們對於第一次約會的滿意程度，以及對於五年前伴侶關係的幸福指數。結果所得到的答案，幾乎都跟人們從前與伴侶相處的真實情況無關，而是由他們目前在伴侶關係中有多幸福所決定。

過去的每一刻，在事後都可以被解釋為在邏輯上符合當前的人生規劃，或是能夠支持我們喜歡現在所描述的人生故事。認知科學家暨文學家佛里茨・布萊特豪普特（Fritz Breithaupt）曾表示：「那裡沒有什麼是真實的。」過往的回憶對我們會顯得真實，無非是它們似乎在某種程度上符合我們當前的行為。之所以會如此，是因為我們讓這些回憶變得符合。在此之後，同樣的回憶或許就無足輕重。不單是我們的現在不斷地在發生變化，就連我們的過去也不斷地在改變。

腦科學家暨神經科學家大衛・伊格曼（David Eagleman；目前他在休士頓的貝勒醫學院所屬感知與行為實驗室擔任負責人）曾表示：「我們的大腦是卓越的說書人，它們十分精於此道，即使在有著明顯矛盾的情況下，它們也能編出一套毫無違和感的故事。」因為借助故事，混淆的資訊才有意義，而這有助於大腦進行編排。伊格曼指出：「所以，我們一直在為自己說故事。」自我也是某種故事；它是「大腦基於目的實用主義而創作出的一部小說」。

為何我們會自我感覺良好？

早在一七五〇年時，富蘭克林就曾幽默地說道：「有三件事情可說是極其堅硬（困難）：鋼鐵、鑽石與認識自己。」事實上，我們通常無法完全符合現實的自我評價，自我形象會遭到相當程度的扭曲。無數的研究顯示，相較於現實，我們所看到的自我泰半正面許多。如果我們精神健康且沒有過多的自我懷疑，多半都會認為成功是自己的功勞，失敗則是環境所造成。

此外，相較於成功，我們也更容易忘記失敗，而奉承的反饋則會讓我們印象深刻，這在學術上被稱為「自我提升」或「自我膨脹」（self-enhancement），不分性別，男女皆然，儘管根據日常經驗，女性通常會將她們的成功歸因於團隊，而且往往會讓自己顯得微不足道；至於男性，冒名頂替、攬功自居的偽君子倒是不少。

近來專家學者們甚至認為，過度的自尊可謂健康的人類心理。社會心理學家雪萊・泰勒（Shelley Taylor）就表示，「正面的幻想」會增強我們的滿足程度與自我價值感。這或許就是為何我們通常會認為自己比他人更好，甚至在自己不擅長的領域也會做如是想。

是以，學生們不僅會認為自己比其他的同學更富有領導才能，還會自認更具有融入社會的能力，也會認為自己的書面表達能力優於同儕。擔任經理職務的人會認為，自己比「典型的一般經理」更有能力。至於足球選手則會認為，自己比團隊裡的其他成員更懂足球。更別提有超過百分之八十五的德國駕駛人，都相信自己的駕駛技術高於平均水準。在這當中，特別容易造成交通事故的，恰恰是對自己最有自信的年輕男性駕駛人。

若是單純從統計角度來看，一個群組裡的大部分成員都優於平均水準，這的確是可能的，但前提是，少數成員得嚴重落在平均水準之下。例如，如果調查八十五位技術高超的體操運動員，以及十五位在骨科醫院剛開完刀的髖關節患者，他們在平衡木方面的表現，那麼，「我優於平均水準」的這項說法，確實適用於經常參加國際體操比賽的八十五位受訪者身上。至於德國駕駛人的自我評估，是否同樣也能確實反映統計所得的數字，不妨還是先打上一個大問號。

無論如何，當人們問及自身可被度量的某些特質時，一定會具有「正面的幻想」。例如，被要求先評估自己智商的受訪者，他們所估的數值往往比最終的測驗結果來得高，而且還多出近十四分。不過，這是個還算恰當的數值，因為一〇〇分是平均智商，從一三〇分起就算是資優，至於七十分以下則是屬於具有智能障礙。

儘管我們可以控制自己的行為，但卻完全無法符合現實地評估自身的行為。維也納大學的馬丁・柯霍爾（Martin Kocher）表示，無論一個人對於日常道德問題給出什麼答案，我們都不必相信他會做出相應的舉止。

他與他的同事曾詢問三百多個人下面這個問題：「如果有人不小心將一筆他們無權獲得的款項轉入他們的帳戶，他們是否會退還這筆錢？」一年後，這樣的事情發生了；這些受訪者確實發現在自己的帳戶裡多出不少錢，而且也收到簡訊要求退還那些錢。事實證明，他們所做出的意向聲明與實際情況不同；大約有三分之一的受訪者，做出與自己先前預測不同的行為。先前認為自己會還錢的人並未付諸行動，反之，也有先前認為自己會中飽私囊的人則把錢還了回去。

想法決定你是誰

除了自我膨脹與美化的自我以外，我們的口袋裡還有其他一些策略，這些策略能讓我們大方地贊同自己，也能幫助我們維持自我的美麗幻想。維納・格列佛稱此為「對抗威脅身分的防禦機制」。當我們發現完全無法隱瞞的事實，就會啟動「自我免疫」的開關，把事情重新詮釋成對自己有利。

將行為合理化是種防衛機制

假設我們一直對自己良好的記憶力引以為傲，然而隨著年齡增長，我們卻不得不承認記憶力下降了，有時我們會想不起某位部長或子女的朋友的名字，又或是如果沒有預列購物清單，採買東西就會丟三落四。這時我們多半都會覺得懊惱。然而為了自我保護，我們還是會做點什麼自我安慰。例如，我們會重新定義什麼才是「真正值得記得的事」，我們會對自己說道：「我有比注意這些瑣事更重要的事要做。現在我都在手機裡做筆記，這樣做很有用，有時我一時興起想在回家時順路去趟超市，只要察看一下手機就知道該買什麼了。」

此外，為了證實我們依然擁有自己所看重的特質，我們或許還會告訴自己：太好了，我居然還背得出從前在學校裡所學的，歌德的《魔王》與席勒的《鐘之歌》的第一節。所以，「我的記性一直都很好啊！」

不過，情況卻有可能更糟。倘若使用自我免疫法也無法繼續維護某個信念，我們的大腦也還有其他的訣竅。這時，我們不只會重新定義什麼是重要或美好的記憶，還會重新定義「什麼對我們具有意義」。也就是說，我們會創造一個新的認同。我們會告訴自己：記性好其實也沒那麼重要，手機裡的記事本功能反倒能顯示「我真的很擅長組織，而且我也很會使用新科技。」更何況，人生教我們要當個可靠的、敞開心胸擁抱現代的人，這遠比能夠記住一些芝麻綠豆的瑣事重要得多。「是的，我的確是個心胸開闊的人。」

與其承認我們自己的認同是善變的，不如乾脆重新定義它。誠如特里爾大學教授發展心理學的約亨・布蘭德斯泰特（**Jochen Brandstädter**），著有代表性佳作《論成功過活的心理》（*Zur Psychologie gelingender Lebensführung*）所明白指出的那樣，尤其是當存在著某些似乎會威脅到我們對自我理解的嚴峻情勢時，我們更會這麼做。

例如，由於罹患某種疾病，使我們不再擁有體格壯碩的身體，或者，我們在工作上不再像幾年前那樣成功。在這樣的情況下，我們不得不放棄那些我們珍愛的信念，重新評價自我。如果我們心態健康地去面對這些挑戰，而非對它們投降，我們就會說：「哦，外表算什麼！我一直都是個也重視內在價值的人。」或者會這麼說：「事業有成固然是件好事，但不應以犧牲家庭為代價。家庭在我的心裡更為重要。」這樣的重新評價是明智的，它能讓我們更容易滿足，提高了我們對自己的接受度，也能讓我們感到自己一如既往沒有改變。

用別人的眼睛看自己

倘若我們想要明白，我們每天在打造自我形象上都做了些什麼，只須聽聽別人說些什麼即可，他們多半會有更好的觀察。

舉例來說，在評估我們的智商方面，我們的同事或朋友經常都是正確的，因為他們不會被自我的期望所欺騙。所以，不時向外界詢問看法和徵求意見是明智的。不過，我們不應只徵詢親密的摯友，因為我們通常最喜歡與和自己想法近似、且會同情我們的人交流，這些人較少會去看清「現實」與「我們自己所建構的自我」這兩者間的乖離，而會與我們一起鞏固自身所擁抱的形象。

此外，旁觀者也比較容易注意到我們不想承認的事情。他們會發現，有時我們很容易就暴怒，又或是我們自以為做出聰明的反應。他們會揭露我們的盲點。羅馬哲學家塞內卡（Seneca）曾寫道：「別人的過錯在我們看來是昭然若揭，但我們自身的罪過卻會被自己拋諸腦後。」這樣的認知有時甚至可以挽救生命。研究表明，對於會引起心臟病發作的種種心理指標，關係密切的親人明顯會比當事人自己更清楚。一個人會表現出多少恐懼、憤怒與退縮？這種問題最好也去問問他們的伴侶。

「自我」的演變史

「我就是這樣」，這就像「我始終都是這麼想」或「那一直都是我的目標」，同樣都是種錯覺，但我們卻不願相信這一點。我們會否認自己的改變，並且在暗地裡，又或常是在自己忽視的情況下，繼續改變自己。那麼，尋找自我是否就是人的天性？我們是否需要自我作為賦予人生意義的元素？

答案或許是否定的。因為自我是一種相對較新的發明。正如認知科學家暨文學家佛里茨・布萊特豪普特所言，那是「狂飆時期[1]」的傑作，大約在一七七〇年左右，當時的人率先將自身的存在置於「自我」這個概念之下。布萊特豪普特指出在那個時期，人們會把天才讚揚成高等人類與藝術家的原型，生於一六八五年、卒於一七五〇年的音樂家巴哈，尚未受到那個時代的影響，每當有人稱讚他的天賦，他總會謙虛婉拒，而將這一切指為是「上帝的恩賜」。

然而，當時的自我成了一種必須被實現的期望，這時人們首次致力於實現自我。盧梭曾在一七七四年時語帶嘲諷地表示：「野蠻人只活在他們的自我裡；而已社會化的人卻總是活在他們的自我之外，只知道按照他人的看法過活。」他呼籲那些「已開化的人」應該多聽聽他們的自我，多想想從他們內心深處發出的指令。

然而，德爾斐神殿入口處上方的「認識自己」一語，不是早就指出了這點？的確，上古時期的許多作者都曾講述過此事。然而，那句「認識自己」卻肯定不是基於現今所指「自我實現」的精神，也就是人們應找尋自我，並永遠捍衛自己所發現的一切。事實上，那句話是在提醒人們該意識到自己的局限性。塞內卡就曾寫道，每個人都應意識到自己在身心方面的脆弱。只有少數的作者提出某種積極的詮釋，例如西塞羅曾表示：「認識你自己的可能性，然後竭盡所能地發展自己。當一個似神者。」

自我的觀念曾經一度在這個世界上萌芽，在歷經狂飆突進時代後，卻又逐漸

1. Sturm und Drang，十八世紀後半的文藝復興運動。
2. 這是刻在德爾菲的阿波羅神廟的三句箴言之一，也是最有名的一句。另外兩句是「妄立誓則禍近」和「凡事勿過度」。

消失。在經過調整的畢德麥雅時期（Biedermeier）裡，才華橫溢的個人主義者反倒不受歡迎。到了二十世紀初，自我則主要是以複數形式呈現。這時人們不去創造某個有益於促進認同的自我，反而開始去創造某些能夠授予他們認同的偶像。根據布萊特豪普特的說法，他們不再非得親自造就一個自我，「只要能崇拜某個人就夠了」。不論是電影明星、世界級運動員，甚或是納粹的領袖，都能成為自我的代表。「團體變成了一個沒有自我的範疇。」

布萊特豪普特總結道，自我不是種心理的必需品，人們並不需要自我，在沒有自我之下也能過活。他表示：「這主要或許是涉及西方的，或者說是德國文化的一種現象，它令我們誓言要有自己的個性。」或許這就是為何我們會想要一再展現與證明自我，我們喜歡強調在工作與伴侶關係方面的成功，因為藉此便可讓他人看到，我們有些與眾不同。

每二十年會改變一次自我建構的形象

畢竟，自我不過是種自我建構。我們時時刻刻都與周遭合作或對抗，以及放任自己繼續修補過往的記憶，加以美化修飾或延伸擴充，有時還會對它來場全面的重整。

費城的「文化研究與分析中心」的瑪格麗特・金（Margaret King）與傑米・奧博伊爾（Jamie O'Boyle）指出，這種建構的自我有多善變。

他們發現，一個人對於自己所建構的自我形象，大約每二十年會改變一次。自童年起萌發「重新解構自我」的意識，會在青少年時期逐漸成長，但這還只是個開始。到了三十五至四十歲之間的中年，我們會再度陷入自我認同的危機。我們會質疑，自己究竟身處人生的何處，因為我們意識到自己的內在與周遭都發生了許多變化。金與奧博伊爾寫道：「那些我們曾經以為一輩子都將是朋友的人，突然間不再那麼重要。」我們的想法改變了。在年少時期，我們會向欣賞的人看齊、會試圖融入某個團體，但這時我們卻更常自問：「什麼才是真正適合我的？」類似的情況也會發生在五十五至六十歲之間的初老期，我們會再度進行盤點。過了七十五歲以後，我們則會省思：在過去的數十年裡，我們的所思、所為、所做的決定，難道完全不曾漠視過自身的需求嗎？我們對於自己如何度過此生，是否能平靜以對？

金與奧博伊爾寫道：「每當人們進入這些轉捩點，他們就會去審視自己的身分、人際關係與生活，也就是構成他們整體社會的一切。他們會摒棄那些他們認為是錯誤的、不真實的或被強加的東西，而堅守那些他們認為是真實的東西。」不過所謂的「真實」會一再被重新定義。有些從前他們完全奉為圭臬的想法，如今看來會覺得荒謬不已，而有了全新的觀點，例如他們不會說「我是個合群的人」這種強調個人正面特質的話語，而會說「我希望自己能過得很好」以表達對幸福狀態的渴求。至於內心矛盾的想法，則常會直接接受或斷然否定。

靈活變動的自我

是以，對於「人們應當發現自我」的這種說法，社會心理學教授山姆．索默斯（Sam Sommers）就嗤之以鼻。他的工作主要是研究人們如何行為，而他們的行為又有多大程度是原先所固有的。他獲得的結論是：「我們並沒有一成不變的性格。」每個人的個性其實是可調整的，喜好則產生於每個當下。我們採取何種舉動、如何行事、對外顯露怎樣的特質，這些主要都取決於我們對於外在環境的反應。也就是說，我們在某個當下所做的事情，常不是由我們的性格而定，而是取決於我們的心情與所身處的環境。

索默斯表示：「在解釋人類普遍性的行為或是我們自身的行為時，『個性』這個因素完全被高估了。」我們也常無法解釋，為何會突然下定決心要完成某項任務，而在某個瞬間卻又放任自己懶散怠惰。

有時，極其微小的因素也會產生驚人的影響。索默斯指出，「我們讓不同種族的大學生在多元種族混合的小組中解決某些問題，並告知他們，我們想看看組員們是否能通力合作。屬於少數族群的同學會覺得，比起在單一種族的小組裡，自己對於被指派的那些工作，會更加戰戰兢兢，深怕做不好，而且在認知上也更為費勁。」在這樣的情況下，學生們或許會誠惶誠恐地試圖給人留下良好的印象。他們不想說錯任何話，因為那樣可能會使他們淪為種族主義者。結果就是：他們顯得不太熱情，也比較容易分心。

然而，如果在進行小組工作前告訴他們，效率很重要，倘若他們能專注努力達成目標，將能獲得更多的報酬，那麼種族融合小組的工作成果，甚至會比單一種族小組來得好，事後參與者甚至還會覺得自己更有同理心。

言行不一的矛盾

人們會想辦法適應環境。如果是迫於情勢，人們甚至會放棄構成自己身分最重要的支柱，也就是自身的理念。

多年前，普林斯頓大學一項實驗就證明了這點。當時教授要求一群受試者，在校園中的某棟大樓裡發表簡短的演講，並在受試者不知情的情況下，安排一個衣衫襤褸、不斷發出哀淒呻吟聲的可憐人坐在路旁，感覺急待援助。

但受試者並不是很在乎這件事，只有五分之三的人會上前關心那個可憐的人。如果有人從旁催促這些人應該趕緊去做演講，會關懷那個可憐的人就只剩十分之一。如果我們進一步了解整個真相，結果更糟：那些受試者並非只是隨便找來的普通人，事實上，他們都是未來的神職人員，而他們的演講主題則是「慈悲的撒瑪利亞人」！

服從權威的人性弱點

像時間壓力這類微不足道的因素，都足以使一個野心勃勃的年輕神職人員變成一個毫無同情心的聽命者。更有甚者，人們還會去做些超級違反人性的事情。一九六一年在耶魯大學由美國心理學家史坦利・米爾格倫（Stanley Milgram）進行的米爾格倫實驗，就顯示了這點。

在這項頗具爭議性的知名實驗裡，當一個普通人受到某個看起來像老師的專業人士請託，擔任學術研究的幫手時，他會同意用痛苦的電擊來虐待他人。這些參與實驗的受試者並不曉得自己所操作的是假儀器，他們所電擊的對象其實是演員。在這個被謊稱為「測試記憶力」的實驗中，如果受試「學生」（即演員）不記得某個詞彙，他們就會無情地使用不斷增強的電擊去懲罰「學生」。有三分之二的受試者會毫不手軟地增強到四五〇伏特的最高電壓，即使他們的「學生」痛苦地尖叫著，說自己有心臟病。這個殘忍的實驗顯示，面對看起來像專家學者的人，就足以使人增強對於自己所作所為的信心。

或許有人會反對地表示：這可是項過時的研究，二十一世紀的現代人不會再像一九六〇年代初期的人那樣聽從權威的命令。是的，可能有人會這麼想，不過事實並非如此，誠如心理學家傑瑞・伯格（Jerry Burger）在二〇〇九年時所指出的那樣。在名為《複製米爾格拉姆——如今的人們還會聽話嗎？》這項研究裡，重現了前輩的著名實驗，結果幾乎與從前的實驗結果毫無二致。如同半個世紀前那樣，受試者還是同樣順從地當個施刑者。

早在米爾格倫的實驗裡，我們就已看到，服從的意願有極大程度是取決於外在的因素。如果實驗不是在大學，而是在某個辦公大樓裡進行，那麼大約只有將近一半的受試者會增強到最高電壓。如果專家學者是透過電話下達指令，那麼大約只有五分之一的受試者會聽命行事到最後。如果還有另外兩名老師在場爭論繼續施刑是否正確，那麼大約就只剩十分之一的受試者會把操縱桿往上調升到四五〇伏特的強度。

香氣會誘惑心智，服裝會影響自我認知

有時，光是「聞起來」十分誘人，就足以左右人的心智。以心理學家羅伯特・巴倫（Robert Baron）為首的幾位學者，在一項香氣的研究中證明了這點。

在實驗裡，人們被同性的陌生人詢問，能否用一張一美元的鈔票跟他們換些零錢。如果此舉是發生在一家普通的服裝店門口，只有百分之二十的受試者會同意。然而，一旦加入了「好聞的氣味」這項因素，路人的換錢意願就會大幅提高：如果是在咖啡店，或是糕點香氣撲鼻而來的麵包店前面，則會有百分之六十的人願意掏出錢包尋找是否有零錢。心理學家從實驗中得出結論：好聞的氣味有益提升心情，而心情好則較樂於助人。

就連我們看待自己的方式，也會受到不重要的外界因素所影響，甚至還會讓

我們誤判自己的性格。舉例來說，我們的穿衣風格會形塑自身的形象，即使那些服飾並非由我們挑選，而是被要求，或是因為必須遵守社會慣例才穿那些衣服。柏林自由大學的貝蒂娜・漢諾威（Bettina Hannover），藉由富有想像力的實驗證明了這點。她編造一些理由，使不同的受試者分別穿著休閒服或正式的服裝前來參加實驗。當受試者到場時，會被要求描述自己的個性。穿著正式的人常會以「有禮貌」或「一絲不苟」來形容自己；至於穿著隨興的人，則常會以「隨和」或「寬容」來形容自己。

這樣的描述在那個當下很有可能是正確的。正所謂人要衣裝，當我們身著輕鬆隨興的服飾時，行為舉止就會比較輕鬆；當我們穿著剛熨燙過的西裝時，行為舉止就會彬彬有禮。可是，這時的我們是在假裝嗎？或者，這些只是自我的某些面向罷了？社會心理學家威廉・佛萊森（William Fleeson）曾表示，行為舉止一反常態的人，會被認為是不誠實或是不健康的，「然而令人訝異的是，我們的行為其實很少與個性完全相符。」我們如何行為舉止，以及在某個當下又是怎樣的人，這些更多是取決於「當下的那個瞬間」，而不是由「我們自以為擁有的那些特質」所決定。

典型性格中的非典型個性

每個人都有能借助問卷測驗而加以確認的性格特徵，這些特徵在我們的人生中保持得也還算穩定。然而，在一天的大部分時間裡，我們的行為舉止卻一點也不「典型」，也就是說，不會一直維持性格特徵應表現的那樣。舉例來說，草率的人偶爾會格外認真，爽朗的人有時也會沉默寡言。早在數年前，威廉・佛萊森就已指出了這點。

彈性性格

當時佛萊森曾要求參與實驗的受試學生，每天五次、連續三週，記錄自己在過去幾個小時裡的生活情況，並回答下列的問題：當時他們身邊有多少人？他們與他人有多少互動？他們的所作所為，是出於自願還是因為他人的逼迫？他們有多喜歡在場的人？當時他人有多友善？

結果他很訝異地發現，一個人在一天之中所表現出的個性差異，與他跟不同的人之間互動所產生的個性差異，其實都相去不遠。這位心理學家的結論是，每個人都「具有彈性、機動性與反應能力」。接著他以此為依據，更深入研究這種效應，發現人們常會因個別的情況，習慣性地做出違逆自身性格的行為。

他總結道：「人們的行為舉止大多與自己的本性不符。」舉例來說，如果內向的學生遇到態度友善的人，他們往往也會變得外向；如果謹小慎微的人必須一次完成五項任務，他們也會變得非常有效率。如果特別不容易相處的人遇到了態度不友善的人，他們會變得較具同情心、較友好且較禮貌；相反地，若是遇到了態度友善的人，他們反而會變得比平時更不具同情心、更粗魯且更無禮。

情緒具有感染力

如果我們的外在行為都會像這樣受到影響，那麼我們的內心感受又是如何呢？它們至少是真實且誠心的吧？精神導師會建議人們，只需探索自己的思想與感受，傾聽內心，就能認識自我。但索默斯表示，「就連我們解讀自身情緒的方式，也都會被陌生人左右。」

一九六二年，在哥倫比亞大學的兩位學者，史坦利・沙徹特（Stanley Schachter）與傑瑞米・辛格（Jerome Singer），進行了一項開創性的實驗。這兩位心理學家告訴受試者，將在他們身上測試一種名為「甦普樂欣」（suproxin）的物質對於視力有何影響。然而，受試者所注射的其實是腎上腺素。腎上腺素這種壓力荷爾蒙會提高心率、呼吸頻率與血壓，使我們處於面對壓力時的「戰或逃」反應，並且能使我們因應不同的情況而變得好鬥或亢奮。

在注射後，那些受試男性一方面等待著進行視力測驗，一方面則被要求填寫一份問卷，而問卷裡全是些與研究目的無關且相當無理的問題。例如，家族中哪位親戚最有可能需要精神病治療（這與視力研究有何關係）？「不常沐浴或洗澡」這樣的陳述最適合套用在哪位家庭成員身上？甚至還有一個問題是：你的母親曾與多少男人有過婚外情？所提供的選項則是：十個或更多、五到九個、四個或更少。

不過在這場實驗中，除了不明就裡的受試者在進行測驗外，實驗中也安排了一位知情的男性，他會以極具攻擊性或極度幽默的方式，對問卷上的問題做出反應。倘若這位男性如同網球名將「火爆浪子」馬克安諾（John McEnroe）在顛峰時期怒斥線審那樣，大罵那些離譜的問題，許多受試者心情也會受到影響，撕毀問卷，憤怒地離開等候室。倘若這位男性對著問題不以為意地大笑，甚至還把問卷摺成紙飛機，嘲諷地將它射向空中，受試者也會跟著頑皮地嬉鬧。

山姆・索默斯表示：「所以，就連我們的情緒狀態，也不像自己一直認為的那樣刻板而僵化不變。當身體感知到如同由腎上腺素所引起的某些生理變化時，它並不會自動產生相同的情緒。」相反地，我們會環顧四周，看看正在發生什麼事，以便對這些身體變化分門別類，進而在諸多情感的可能性中找出哪種情緒反應最適合眼下的情況。

發展心理學家維納・格列佛則由此總結道：「我不是我，我是由諸多部分所組成。我的思想、感覺與行為經常會受到不同的調節，但這三個組成部分並非總是協調，我們會說些連自己也不喜歡的話，做些不喜歡的事。我們的感覺有種種混合的情緒，也經常自我矛盾。」

我們欺騙自己，以便欺騙別人

儘管我們的自我會面臨種種局限，但通常還是能感覺到自己的行為舉止是真實、不虛偽的。有時我們也會對自己的行為舉止感到羞恥，或是意識到為了要讓人留下好印象，改變自我是無可厚非的。人們每天多少都會做些逼不得已的妥協，像是奉承、恭維、屈從於階級制度，又或禮貌性地與人社交互動，以便融入某些組織或群體。

然而，當一個人瘋狂亂罵、口無遮攔地說出自己的想法、肆無忌憚地對人表現激動的情緒時，他不一定會察覺自己正在展現真實的一面。社會心理學家布萊恩・古德曼（Brian Goldman）與已故的麥克・肯尼斯（Michael Kernis），多年來就一直在研究這個問題，後來還製作一個與目錄類似的「真誠人格索引」。當一個人的行為是出於誠實、具自省力、忠於自身價值觀與信念，且對人也都是真誠以待時，他才會感受到與內心的連結。

懂得自我調整，更容易成功

人際關係裡誠實的態度，在社會主流中可能是不被接受的。例如，當某人被身穿美麗新衣、滿心期待獲得讚賞的女友問及她看起來如何時，他覺得只要說出一絲一毫批評的意見，絕對會踩到地雷。這也就是為何人們多半會在赤裸裸的直言不諱與一點點的誠實之間，尋找一條中庸之道。

羅伊・鮑麥斯特表示，「真實」意味著學習在自己的信念與價值觀中自我調整，以符合種種必要條件。多年來，這位社會心理學家一直在研究自信，因為他認為，這是心理健康的重要關鍵。如今他則表示：「雖說自信很重要，不過自律才是人類最強大的力量。」自律能幫助我們修整自身的意見、思想、情感與行為，並懂得透過合理的飲食與充分的運動，使我們擁有身心健康且愉快的人生，以及良好的群體生活。

在商場上，真正成功的也不是誠實無欺的人，而是那些能夠自我調整的人（儘管管理階層對此觀念另有一套說法）。更容易受到提拔、更容易賺大錢的人，通常都是社會變色龍。美國肯德基大學蓋頓商業學院的學者團隊曾進行一項研究：他們在一間擁有一百一十六名員工的高科技公司裡，觀察員工的工作情況，發現能夠機靈地適應各種工作條件的人，會位居企業的決策核心；至於那些忠於自己原則的人，則多半是公司組織的邊緣人。

你以為的自己，未必是真實的你

一個人認為對自己是否誠實，只有部分與自我有關。這是發生在我們大腦裡的一種建構。有時他人可能會欣賞，甚或欽佩某些我們發自內心的言行舉止。例如，當我們公然力抗各種外界阻撓而堅持己見，或是被人威脅利誘也不違背自己的原則。然而，有時他人卻也可能會認為，我們的真實其實就是厚顏無恥或剛愎自用。最終，就連我們自己都不曉得，當下的我們究竟是否誠實。

有趣的是，如果對方的行為舉止符合我們的期待，而且盡可能以與我們相似的語氣說話，甚至在肢體語言上迎合我們，那麼我們很容易就會相信對方。在電影《笨賊一籮筐》裡，匪徒奧圖就證明了這點：他藉著與水族館女主人一樣的吟唱，贏得了她的信任。那些憑藉特殊才能對著我們假裝的人，特別容易博得好感，讓人感覺到真誠；或者，從比較正面的角度來說，那些人最能與我們所發出的頻率產生共鳴。

然而，即使我們展現出自認為真實的個人特質，那些特質卻不一定就是真正的自己。反過來說，當我們表現的言行確實與個性相符時，我們也可能覺得自己根本是在假裝。根據威廉・佛萊森的研究顯示，每當他的受試者表現友好、外向、認真仔細、情緒穩定、興趣高昂的那些面向時（也就是在社會觀感中會受到好評的性格特徵），他們會認為這是真正的自己，儘管他們的性格根本不是這樣。當一個本性拘謹而害羞的人在派對上與人們交談時，他可能會覺得自在快樂，並且認為這樣長袖善舞的個性才是真正的自己。這種矛盾的現象雖然有待釐清原因究竟為何，不過可以肯定的是：具有前述友好等五種正向性格特徵的人，通常也很積極主動。佛萊森表示，這或許會讓他們更活出真我。

此外，當一個人因為角色的不同，而展現相互矛盾的言行時，仍會認為這些表現都是真實的自己。紐約的心理學家肯農・謝爾頓（Kennon Sheldon）就指出，我們身處不同的社會角色時，通常會表現出極大的言行差異。他曾在研究中，要求一些半工半讀的學生，在轉換成不同角色後，描述自己的感覺。這些人除了具有學生的身分外，同時也身兼為人子女、朋友、員工，或戀人等諸多角色。根據受試者當下特別關注的身分，他們對於自己的性格描述會有極大的不同。

例如，身為朋友，他們覺得自己特別外向；當學生時，他們顯得極為神經質；作為員工，則是盡責與可靠的；在愛情關係上，他們對於接受新事物的態度特別開放；至於最不合乎社會標準的，則是在扮演子女的這個角色上。儘管這些自我描述有矛盾之處，但他們仍覺得自己在這所有的角色上，展現的都是真實的自己。

真實的人更快樂、更具韌性

雖然我們會利用想像不同的自己來自我說服，但這種自我欺騙對我們的生活還是有很大的幫助。我們會帶著某些原則與信念度過人生，這些理念能幫助我們把這個世界看得更清晰，也幫助我們每天做出數以百計的種種決定。

遵循自己的信念，讓自己的所作所為有意義，會讓我們覺得活得踏實，同時也會賦予我們「韌性」，也就是充滿希望的心理抵抗力，這些行為對於心理健康都很重要。因此，儘管「做真正的自己」的確存在種種令人質疑的問題，不過，言行能忠於自己，或者說，自認為是真心做自己的人，在心理上比較健康。真實的人比較可能實現目標，比較不會憂鬱，也比較不會感受到麻煩與壓力。

做自己只有在一種情況下不是那麼好，那就是：當它被用來當作說服自己拒絕改變的藉口。「我就是這樣」，配偶就經常會聽到另一半說這樣的話。還有，當心理治療師鼓勵患者重新思考自己的心態或行為，要直接把問題說出來，不要總是負面思考，偶爾也該看看改變可能帶來的正面影響……等，在這些時候，患者多半都會用「我要做真正的自己」作為推託之詞。

不過，與真實性的正面影響有關之事，目前還有一事不明，那就是：自認為真實的人，是否因為值得追求的種種優點，與他們自身的信念相符，所以他們才會擁有那些優點？還是因為他們具有這些特質，所以他們才能真正做自己？這些問題至今仍無解。

但無論如何，真實的人通常也很能自我肯定，這個特質有助於他們勇於面對自己的弱點與局限性，而非逃避現實。此外，具有韌性、容易知足且壓力較小的人，比較容易面對現實。畢竟，他們可以充滿活力與自信地追求自己的目標，大聲疾呼：我願意挺身而出，我正在做這樣的事，因為這是我的信念！

變化是人類的本質

如今，心理學家想重新解構「自我」。即便將來我們得在缺乏「穩定的自我」下生活，也無須感到難過。這絕不表示我們是表裡不一的騙子，我們也不會因為自我產生變化而代表「不忠於自己」，因為變化就是人類的部分本質，它不是人為的設定，也不是我們給自己施加的陌生外套。不斷變化的自我其實並不負面，畢竟，改變就代表一個人可以發展自己的個性，而種種的機會就蘊含其中。

山姆・索默斯認為這些新知很棒，他曾表示：「『人非成品』的見解，讓我感到很耳目一新。」現在在此的「我」，與屆時在那的「我」，「不一定會是同一個人」。當世界發生變化，我們還死守著舊原則又有什麼意義？靈活的自我可以幫助我們適應不斷改變的環境，從而保持行動力。

因此，佛里茨・布萊特豪普特用一種明智而譏諷的方式問道：如果沒有自我，我們是否會過得更好？如此一來，我們就不必總是耽溺於自我表現。他表示：「如果我們認真思考對此所耗費的心力，我們將會自問：這樣追求自我的方式是否真的值得？又是否有其他的選擇？」認知科學家建議，人們不妨嘗試不同的角色、個性與生活方式，畢竟，如今任何人都能在宗教、職業、性向或友誼等各方面嘗試不斷改變，重新自我試煉。

新世代早已認識了這點。時下的年輕人會為自己創造許多不同的身分，而且大多數的身分看起來都還滿符合現實的。借助 **Tik Tok**、**Facebook**、**Youtube** 與醫美整形，讓他們一次又一次創造出新的自我，甚至一年還可以創造出二十個自我，而不像從前那樣，每二十年才有一個新的自我。某些年輕人在社群媒體上甚至具有多重身分，他們有時看起來像個粗暴的不法份子，有時抱著小狗出現在賽馬場上，有時又穿著緊身迷你裙像個流行歌手。他們會根據自己正在與誰打交道，進而賦予自己一個合適的身分。「我挺身而出，而且我每天都能有所不同」，這似乎是新的箴言。

麻省理工學院科技社會研究教授雪利・特克（Sherry Turkle），並不想對這種現象做出絕對性的正面或負面評論。她在《虛擬化身：網路世代的身分認同》（*Life on the Screen: Identity in the Age of the Internet*）一書中寫道：「這當中有好有壞。每次我們在這些管道中展現自己時，就會學到一些關於自己的新知，因為每個管道都是我們展現自己另一個面向的地方。」如此一來，打造多重身分也是種自我反思的方式，未來，自我會變得更多元化。但這會是個問題，甚或是種疾病嗎？她認為答案是否定的，因為心理學家會越來越清楚其中蘊含著深刻的真理：我們可以控制自己的形象。而我們也應該學著接受自身許多不同的面向，並在它們之間順暢變換與移動。

如果我們能接受上述的想法，就會知道，我們都擁有多個甚至是彼此相互矛盾的自我。大衛・伊格曼表示，人類的大腦是由競爭卻又並行的諸多系統所組成，內部也一直在進行種種衝突，這也就是為何大腦可以同時擁有兩種或多種立場，我們甚至還會與自己進行談判，例如「自律的自我」會對「怠惰的自我」說：「如果你現在努力工作兩個小時，之後就可以休息一個半小時，並且喝杯你超愛的咖啡。」

自我測驗：我有多真實？

「人是會想知道自己究竟是什麼或是什麼樣的生物。」
——馬庫斯・加布理爾（Markus Gabriel）

雖說「完全做自己」可說是種幻想，而非事實，但我們還是必須說：相信自己的行為是真實的人，具有明顯的優勢。他們甚至不必絞盡腦汁去思索，自己若以不同的方式行事是否會比較好，也不必在不同的價值觀之間自我糾結，還會對自己感到滿意。

因此，認為自己是真實的人，在心理上也會更健康；即使這與他們真正的真實性相去甚遠。這就是為何根據自己的信念真實地生活，是件完全值得追求的事；了解自己的真實狀況，確實也是件有益的事。

為了檢測一個人所感受到的真實性，心理學家通常都會借助「真實性盤點第三版」（Authenticity Inventory 3）測驗。這項測驗是由克萊頓州立大學的布萊恩・古德曼與喬治亞大學的麥克・肯尼斯兩位社會心理學家共同研發。如果你想知道自己的真實性究竟有多高，你也可以在遵循下列指示後，進行這項測驗。

- 以下會有四十五條陳述。有些陳述你會非常同意，有些你會認為它們與你的情況完全不符。
- 請你使用從一到五的級別，來表示你的同意或不同意的程度，並在陳述前的方格裡填入準確的數字。
- 本項測驗沒有正確或錯誤的答案，請你以坦誠的態度進行評估。唯有如此，你才能獲得可靠的結果。

五種級別：

1＝我完全不同意。
2＝我不同意。
3＝我既不同意也不反對。
4＝我同意。
5＝我非常同意。

四十五條陳述：

01. □ 我常會被自己的感受所迷惑。
02. □ 我常會假裝享受某事，雖然我實際上並非如此。
03. □ 無論發生什麼事，我都知道自己究竟是什麼樣的人。
04. □ 我知道，自己為何會相信我所認為與我有關的那些事。
05. □ 我想讓與我親近的人了解我的長處。
06. □ 我會積極嘗試了解，我的哪些面向形塑了真實的自我。
07. □ 若誠實思考自己的局限性與不足，會令我感到非常不安。
08. □ 對於他人所表達的意見，即使我抱持截然不同的想法，也往往會以沉默或點頭來表示贊同。
09. □ 我非常清楚，為何我會去做我正在做的事。
10. □ 如果結果是好的，我願意為他人改變我自己。
11. □ 我覺得，假裝成不同的自己是件簡單的事。
12. □ 我希望熟識的人知道我的缺點何在。
13. □ 我覺得以批判的態度自我檢視是件很難的事。

14. □ 我不知道內心最深處的想法與感受。

15. □ 對於向與我親近的人表達我有多麼喜歡他們，這件事很重要。

16. □ 我很難接受自己的錯誤，因此我會試圖讓它們看起來正面一點。

17. □ 我很容易將與我親近的人理想化，而非以他們真實的面貌看待。

18. □ 向與我親近的人詢問時，他們可以準確描述出我是個什麼樣的人。

19. □ 我寧可忽略自己最黑暗的想法與感受。

20. □ 我知道什麼時候的我不是真正的自己。

21. □ 我能夠區分在自我的種種面向中，哪些對於真實自我是重要的，又有哪些不重要。

22. □ 與我親近的人如果得知我是如何看待自己，或許會感到震驚或訝異。

23. □ 對我而言，了解與我親近的人有何需求與願望，是件相當重要的事。

24. □ 我希望與我親近的人能夠了解真正的我，而非只是我公開的表現或形象。

25. □ 即使會遭到他人的批評或拒絕，我仍會試著以符合自身價值觀的方式行事。

26. □ 如果某位知己好友與我的意見相左，我寧可忽略此事，也不願以具有建設性的方式去探討它。

27. □ 我經常會做些我不想做的事情，以免令他人失望。

28. □ 我覺得我的行為通常都能反映我的價值觀。

29. □ 我會積極嘗試盡可能地了解自己。

30. □ 我寧可自我感覺良好，也不願確實探索自己的局限性與不足。

31. □ 我覺得我通常都能藉由自身行為表達出個人的需求與願望。

32. □ 我很少（如果確實曾有的話）會給別人一個「假笑」。

33. □ 我花了很多精力去追求對於他人而言非常重要的目標，儘管那些人對我來說其實並不重要。

34. □ 我常常不曉得什麼對我來說算是重要的。

35. □ 我會試著壓抑所有與自己有關的不舒服感覺。

36. □ 我常會自問，我是否確實知道自己想在人生中達成什麼目標。

37. □ 我常會覺得我過於嚴厲對待自己。

38. □ 我知道自己的動機與願望。

39. □ 我經常會推卻我所受到的恭維。

40. □ 總的來說，對我而言，與我親近的人能了解我到底是個什麼樣的人，是件相當重要的事。

41. □ 我很難為自己所達成的目標感到高興。

42. □ 如果有人指出我的某項缺點，我會試著盡快將此事拋諸腦後。

43. □ 無論我與我親近的人目前處於什麼情況，對方都可以確信「我就是我」。

44. □ 在親密關係中的坦白與誠實，對我而言非常重要。

45. □ 我願意為自己表達出的真實信念，承擔任何負面的後果。

評分：

- 對於以下這些問題，請分別給予如同你在小方格裡所填的數字一樣多的分數：
2、3、4、5、6、9、12、15、18、20、21、23、24、25、28、29、31、32、38、40、43、44、45。
- 對於以下這些問題，你則必須把分數逆轉；也就是說，填入的數字為1就是5分，2就是4分，4就是2分，5就是1分，3則是3分：
1、7、8、10、11、13、14、16、17、19、22、26、27、30、33、34、35、36、37、39、41、42。

● 接著請你將全部的分數加總起來。你的分數越多，代表你越真實。肯尼斯與古德曼的原版測驗並未提供更詳細的評估，不過測驗結果大抵可作為以下的詮釋：

151至225分：非常真實。

獲得如此高分的人，在大多數的情況下，都會根據引領他們人生的指導原則來行事。當然，他們也會不時自我調整，不過基本上，他們會願意捍衛自己的理想，即使為此他們必須蒙受某些不利。

他們不僅擁有明確的價值觀，也與自身保持著良好的聯繫。他們了解自己的需求與願望，也希望他們的朋友及家人同樣能了解和注意他們的需求與願望。

76至150分：普通真實。

雖然他們常會順從自己的良知，不過也常會自我調整，這完全取決於環境。有時，遵循自己的原則，對他們來說相當重要，但他們也常會做出破例、通融的事。畢竟，持續不斷的衝突及摩擦會相當辛苦，而且不盡然有益於事業發展。人們不必每次都要反對異議、堅持己見。

此外，他們也常會改變自己的想法。昨天在他們看來是重要的事情，今天對他們而言就未必如此了。他們相當靈活，知道變通。

價值觀？道德？指導原則？他們認為這一切都已過時。與其遵循某個穩定的個人羅盤，他們寧可清醒地一再重新調整自己的路線。畢竟對於他們而言，盡可能平順地過完人生是相當重要的。在他們看來，無論如何都要堅守原則，其實並沒有那麼重要。如果他們認為自我調整有益於他們前進，他們會樂於這樣做。

他們在私底下也不會流露出自己真實的情感。他們認為親友不必知道所有關於他們的事情；更遑論就連他們自己也有許多與自己有關，卻完全不想知道的事情。

「人生就是你所有抉擇的總和。」

——阿爾貝・卡繆

我們顯然都會隨著時間不斷成長、變化。可是，前一陣子才剛舉辦的同學會，不就讓我們重見昔日的自己嗎？

約恩一如既往地風趣，安雅依然還是像學生時代那樣笑口常開，至於卡爾・海因茨，光是他誇張的手勢與淘氣的表情，同學們一眼就能認出，他就是當時的那個卡爾，即使在高中畢業後的三十年，他的體重可能增加了不少，頭髮也減少了些。但來參加聚會的人都再次證明了，一個人的性格是多麼的固定。大家都認為，我們就是我們；大家也都喜歡故舊的熟悉感。人確實沒有那麼容易改變。即使過了三十年也一樣。

但如果我們對自己夠誠實，難道我們不清楚其中的真相嗎？自從高中畢業以後，我們或多或少都失去曾有的某些性格。我們或許會懷念某些自己已經失去的個人特色，像是平易近人或好學不倦。另一方面，我們或許也會十分慶幸自己終於擺脫了某些負面特質，像是總是自我批評，或是過於天真地看這個世界。

我們也不得不承認，因為我們太忙太累，所以無法再像從前那樣，總是可靠、值得信賴與守時，曾經具有責任感的自己，如今早已消失無蹤。我們後來也會發現，即使遲到，日子也可以過得很好，於是我們的日常生活裡多了幾分的隨興。又或者，我們的情況跟學生時代截然不同，現在的我們能夠按部就班地完成上司交辦的種種任務，因為比起學習歷史、地理或物理，我們更喜歡工作。

然而，即使人都不斷在改變，在同學會上，我們對於某個（些）人仍多半會抱持著以下的想法：「沒錯！這就是我所認識的那個人。他一直就是那樣。這傢伙總是以自我為中心。」於是，在這樣的聚會中，我們再次堅定了這樣的信念：就算人真的會改變，但也變得不多。

直到數年前，就連學界也都還抱持著這樣的看法。專家學者們多半認為，一個人的性格非常穩定。大致的原則是：直到三十歲之前，我們的個性都還會持續發展，到了三十歲之後，個性就會定型，不再改變。

這樣的看法簡直太荒謬了！正如尼爾斯．比爾包默的例子所顯示，人的確會改變，而且也有很大的改變空間，甚至還可能會幡然驟變；即便到了老年也是如此。曼徹斯特大學的克里斯．博伊斯（Chris Boyce）表示：「這聽起來有點像花豹可以改變牠們的豹紋，但這確實就是運作的法則。我們的性格會隨著時間而改變，這點無庸置疑。」

然而，為何同學會似乎卻呈現與上述看法截然不同的結果？對此，個性心理學家茱莉．史派西特解釋：「在這樣的聚會上，人們很快就會重新扮演學生時代的角色。這時人們又像從前一樣，回復成班上的開心果、書呆子或平凡的學生。」這樣的感覺和情境，增強了人們的共同回憶及熟悉度，還有人們想藉由同學會維繫昔時的一切。這也就是為何人們願意繼續扮演那些角色，即使實際上他們早已不是這樣的人。

維納．格列佛表示：「當我參加這樣的聚會時，我甚至會忽然想起過去三十年來再也未曾說過的某些笑話。」另一方面，同樣渴望重溫昔日熟悉感的其他人，也會特別注意那些能令他們產生歸屬感的特質。他們會享受自己所熟悉的一切，忽略老朋友在過去這段時間裡發生的種種改變，藉以增進彼此的親密感。

個性的發展沒有終點

誠如之前數度強調，人們終其一生都會產生很大的變化，而且改變也一直不斷在發生，有些人甚至會經歷翻天覆地的改變。維納・格列佛表示：「個性的發展並沒有終點。」哥倫比亞大學國際長壽研究中心的高齡者專家暨發展心理學家烏蘇拉・施陶丁格（Ursula Staudinger）表示：「我們的內心能產生改變的潛能，無論是在認知方面，或是在情感方面，都無比巨大。」

精神病學家漢斯—路德維希・克勒伯（Hans-Ludwig Kröber）透過自己的經歷，明白了這一點。他是經驗豐富的精神狀態鑑定人，在退休前，有長達二十年的時間，擔任柏林法醫精神病學研究所所長。研究所裡有輛救護車，負責載送獲釋後的高風險罪犯到所裡接受照護，幫助那些長期被視為對他人具有高度危險的人再次融入社會。

曾經成為罪犯的人還會再度犯罪嗎？克勒伯認為，即使曾殺害多人的兇手，也不能認定他們一定會再殺人。這位精神病學家曾不滿地埋怨道：「司法部門通常都只關心安全的問題，完全不給人改過自新的機會。」這種做法忽略了罪犯的改變也需要某些資源的協助。當他們的生活環境發生改變，當幫派或原生家庭的負面影響受到遏制，當他們因為正向的行為獲得認可，就會減少使用暴力和逾越界限，表現出願意痛改前非的認真態度。在刑罰體制中，偶爾也會出現如同聖經故事中的從掃羅到保羅這類幡然改變的人。

總體而言，性格的改變比人們認為的更為頻繁與劇烈。專家學者們也曾舉出許多奇妙變化的實例。例如英國的克里斯多夫・伯奇（Christopher Birch），在經歷過一場中風後，從保守的銀行職員變成了同性戀美髮師。

眾所周知，網球選手阿格西（André Agassi）曾經是網球場上著名的火爆浪子，在與葛拉芙（Steffi Graf）結婚之前，他非常特立獨行。婚後，他在內華達州沙漠地區過著平凡閒適的家庭生活，更成立慈善基金會支持興學，幫助來自社會弱勢家庭的孩子，使他們有機會上大學。

此外，著名的數學教授哈拉德・萊施（Harald Lesch）曾自述道，他曾是個沒什麼才華的老師，但在一場自行車事故中顱底骨折，卻自此培養出他高度的才華，使他成為成功的數學家暨科學傳播者。

像伯奇、阿格西與萊施這類備受矚目的極端變化的例子或許不太常見，不過在我們的日常生活中，倒是常發生一些明顯的變化。有些人會極為迅速且完全改變自己的特質，使得他們可能在短短幾年內，就被歸類至現代人格心理學所區分出三種類型的一種（詳見第八十六頁）。一個人的個性會產生微小變化可說是不變的原則，幾乎適用於所有人。

個性從何而來？

即使我們並非性格專家，也能從某些極端的人生故事中，觀察出一個人個性的改變。然而，如果科學家們想要更深入了解人們為何能產生改變的能力，便需要借助連極微小差異都能精準掌握的可靠方法。

使用問卷做測驗與調查，是在心理學領域中常見的方式。直到最近，心理學家才更常利用人們在不知不覺中公開的某些資訊，例如，在Facebook或Instagram等社群網路上，透過貼文、PO照片、轉貼新聞，或是藉由「按讚」，來表達自身的想法。有時光憑一個人究竟按幾個「讚」，就能從中得出一些驚人的結論。

不過一般說來，如果我們想要較準確地勾勒出一個人的個性，就得問問此人或是他周遭的人，他會做出什麼樣的行為、會如何思考，又會產生什麼感覺。因為我們的思維、感覺與行為，顯示了每個人的差異性，也蘊藏眾人不同的個性。

五大性格特質理論

誠然，我們可以使用無數的詞彙（確切地來說，應該是數以千計的詞彙）來形容一個人。美國的科學家早在一九三〇年代就已發現，在英文字典中找到用以形容人的性格特徵共有一萬七千九百五十三個詞彙，最終可以簡化為四千五百零五個形容詞。另外也有些心理學家繼續縮小這個列表的幅度，因為他們認為，像是「善解人意」與「善良」等性格特徵，也可以用「親和」這個詞彙來概括描述。最終，專家學者們歸納出用來說明人類性格的詞彙可以分為五個組別，於是「五大性格特質」（Big Five）的理論就此產生。

大約自一九九〇年代起，這五大人格面向就在專業領域裡獲得廣泛的認可，它們分別是：「開放型」（openness to experience；也就是容易接受新事物）、「認真嚴謹型」（conscientiousness；也就是可靠、可信）、「外向型」（extroversion；也就是善於交際）、「和善型」（agreeableness；也就是體貼、願意合作、具有同情心）與「神經質型」（neuroticism；也就是情感上的不穩定性與脆弱性）。這五大人格特質又簡稱OCEAN。（詳細說明見第九十九頁）

後來，以山繆・高斯林（Samuel Gosling）與奧利佛・約翰（Oliver John）為首的一個美國研究團隊，甚至還證明這五大性格特質的理論同樣也能應用於狗狗，能對牠們進行可靠的測量。但在深受理性影響的「嚴謹型」這個特徵上，檢測的成效不彰，它似乎是人類與黑猩猩才具有的特質。

性格的變與不變之爭

長久以來，性格的種種面向一直被認為是非常穩定的。提出「五大性格特質」理論的羅伯特・麥克雷（Robert McCrae）與保羅・柯斯塔（Paul Costa）就認為，人類天生具有一定的性格，之後只會因體內的種種生物過程而日趨成熟，而不會因為環境變化而有所改變。他們也曾提出「三十歲為性格變化終止期」的想法，大約在這個時間點之後，人們性格就相對穩定，不會再產生變化。

然而，或許他們對於性格的結論有點片面。這兩位人格研究先驅原本是希望能先讓社會大眾，尤其是科學家，了解他們的五大面向理論。一開始，他們的確遇到很大的反彈與阻力，特別是社會心理學家根本不接受「性格是固定不變」的這種說法，他們認為，人們會隨著自身的經歷而有所改變，也會順應環境的各種變化。

這些心理學家的看法當然沒錯，人們的確會在經歷某些事情後產生改變，否則便不會從正面經驗中獲得新知，也無法從負面經驗中吸取教訓。正面的收穫更會鼓勵人們繼續尋找新的體驗、面對挑戰、結識新朋友，使人們心胸更寬闊。

不過社會心理學家又過於偏頗了，他們甚至否認人類具有個性。他們認為，一個人的思考、感受和所作所為，這一切並非固定不變，是取決於當下人們對他的期望，也取決於他所應扮演的角色和該履行的義務。這種觀點獲得一九七〇年代流行的時代精神力挺。人們難道不都是他們所身處的勢利社會的受害者嗎？如果在社會公平的前提下，每個人不是該有各種發展的可能嗎？

隨著時間的不斷演進，人們逐漸發現，不同的人在相同的情況下會採取不同的行為，有人會選擇落跑，有人則會樂於接受挑戰；有人選擇勇於面對，也有人會避之唯恐不及。在很多情況下，這些行為方式對於有些人來說是不會改變的：害羞的人基本上會傾向避免與人接觸，愛熱鬧的「派對動物」則會抓住任何未能及時「尿遁」的人聊個不停。

種種研究結果更逐漸證實了性格驚人的穩定性。例如，阿夫沙洛姆・卡斯皮（Avshalom Caspi）與菲爾・席爾瓦（Phil Silva）在一九九五年指出，幼兒園老師對三歲幼兒所寫下的評論，在那些小孩長大後依然適用；到了十八歲時，這些孩子還是和從前他們幼兒園老師所描述的一樣衝動、有上進心、善於社交或喜歡冒險。性格心理學家興高采烈地宣布了這些發現。

茱莉・史派西特表示，在與社會心理學家的爭執中，性格心理學家後來可能有點走偏了，「他們高估了性格的穩定性，以至於在很長一段時間裡都忽略了『性格終究會改變』的事實。」到頭來，社會心理學家與性格心理學家雙方都是正確的：人類確實存在著某種與生俱來的性格，但它也會隨著時間而動搖、自我質疑與更進一步發展。

「本性難移」不等於「不能改變」

根據德國「社會經濟調查」研究計畫的一項調查，首度顯示人的個性會有多麼巨大的變化。這項大型研究每年會向一萬五千個家庭詢問諸多生活瑣事，並在其中「偷渡」與性格相關的問題。

由茱莉・史派西特、波里斯・艾格洛夫（Boris Egloff）與史蒂芬・施穆克勒（**Stefan Schmukle**）所組成的團隊，在評估所獲得的數據資料後，感到困惑不已。因為結果顯示，人們在三十歲之後，「五大性格特質」還是很可能會發生改變，而且這個結果不只是發生在那些飽受命運折磨的不幸者身上，而是普世皆然的現象。

人的「情緒穩定性」（例如，在身處壓力下仍能自信滿滿，處之泰然）在剛成年後會很容易增強，年輕人的「外向性」則會下降，較不似從前那麼熱中社交，也沒那麼健談。一直到四十歲之前，「責任性」都會明顯增長，就連步入老年後也還會有所變化。

相反地，「開放性」（例如，具有好奇心、不故步自封及墨守成規、熱愛挑戰、能接受不同的思維與觀點）則會持續下降。茱莉・史派西特表示：「我們的研究推翻了心理學家普遍認為的觀點，性格在人生的過程中並非趨於穩定，而是仍會改變的。」而且人們會改變的不只是個別的特質或五大性格的某些面向，有時甚至會整個性格大翻轉。

自一九九〇年代起，人類性格又被區分為可以藉助五大性格特質加以描述的三種主要類型。根據這套可以回溯到美國加州大學心理學教授的傑克（Jack Block）與珍妮・布洛克（Jeanne Block）這對賢伉儷所共同研究的人格類型，人們可分為「具有韌性」、「控制過度」或「控制不足」的三種類型。

具有韌性、因而能勇於應付生活挑戰、極富心理抵抗力的人，通常都是情緒穩定、外向、樂於接受新事物、個性親和且盡責。相反地，控制力不足的人則有點懶散，也不太容易與人親近。至於極具自制力的人，則是不太外向、不太開放，但卻十分盡責。

年紀越大，越具韌性

然而，人們傾向屬於哪種類型，會在人生過程中有所改變。光是從人類性格整體分布的分析情況中，

性格類型	開放型	外向型	認真嚴謹型	神經質型	和善型
具有韌性	＋	＋	＋	＋	＋
控制不足	±	±	－	±	－
控制過度	－	－	＋	±	±

就能看出這一點。大約只有百分之四十到五十的年輕人被認為具有韌性，但在更高的年齡層裡，則有高達百分之六十的人被認為具有韌性。這種年紀越大越具韌性的轉變，代表著在所謂「成熟過程」中的歷練。

具有韌性的性格被視為是成熟的；人們不再那麼容易失去冷靜與被激怒，做人做事也顯得穩重可靠，因為他們學會了妥善完成必要的任務，未來才有光明的坦途；同時也明白，那些從前容易讓他們激動的事情，其實一點也不值得氣急敗壞，畢竟，壞事難免發生，與其倉促、緊張或暴怒行事，憑藉冷靜與耐心，其實更容易解決問題。

不同性格類型之間的轉變有時也會以驚人的速度發生。史派西特、艾格洛夫與施穆克勒所做的分析顯示，在兩次「社會經濟調查」短短四年的間隔裡，每四人就有一人改變他們的性格類型。根據調查結果顯示，在剛成年的年齡階段裡，會發生改變的主要都是屬於「控制不足」這種性格類型的人，也就是那些不太具親和性且不太有責任感的人。大約過了三十歲之後，他們會逐漸成為具有韌性的人，變得更有工作能力、更有自我價值感，心理方面通常也會更為穩定。

另一方面，就連七十歲以上的老人，也有高達百分之二十五的人，會再次明顯改變性格特徵。史派西特指出：「跟年輕人不同的是，老年人的性格轉變並不是按照任何典型的成熟模式。」有些老人會變成「具有韌性」的性格類型，有些則會變成「控制過度（頑固）」或「控制不足（自我放棄）」的性格。這位心理學家根據研究數據得出了下面的結論：「截至目前為止，與老年相關的研究其實並不多。但倘若我們仔細觀察這個群體就會發現，性格的轉變在這個年齡層仍會再度發生。」

先天與後天因素共同影響性格

可是，我們總認為性格在很大的程度上是由遺傳決定，這又是怎麼回事呢？只要曾跟孩子相處過的人都知道，他們天生就性格鮮明，有的孩子喜歡興奮好奇地探索周遭環境，而有的孩子卻只想緊緊抓住母親的裙襬，寸步不離。也因為受到佛洛伊德的巨大影響，人們總是說，幼兒時期（也就是人生的頭三年）對於一個人的成長具有關鍵的重要性。

任何對性格有粗淺認識的人都該知道：上述所言只有部分正確。雖然性格根植於基因，但遠不及眾所認為的那麼多。在關於雙胞胎的研究中，人們曾將同卵雙胞胎（基因百分之百相同）與異卵雙胞胎（基因百分之五十相同）的性格相似性做了比較，想藉此得知，同卵雙胞胎的性格是否比異卵雙胞胎的性格更相似，如果答案是肯定的，那麼遺傳的因素也就越大。

在德國方面，最具說服力的資料則大多來自「畢勒費爾德長期性研究」，該研究從一九九三年至二〇〇八年連續追蹤調查一千多對一起長大的雙胞胎，所得出的結論是：有將近半數雙胞胎與他人之間的性格差異的確可以歸因於基因。此外，也得出一些數據，像是基因對於一個人的親和力影響最小，大約百分之四十二是受遺傳所影響。至於在能否接受新事物方面，受遺傳影響的比例最高，大約占百分之五十七。此外，在「外向性」、「盡責」、「情緒穩定」各方面受遺傳的影響，比例分別為百分之五十四、四十九與四十八。

是以，有天生愛出風頭的人，也有天生的壁花，有生性穩重的人，也有對任何事都滿不在乎的人。神經學家妮可・斯特伯（Nicole Strüber）表示：「性情在一個人生命的初期就已很明顯。」畢竟，許多會使我們覺得害羞或勇敢、衝動或需要撫慰的性格，都是在我們的生命裡所固有，這些特質或許是由化學信使（**chemical messenger**）所左右。

一個人是否比一般人更無懼，更勇於接受挑戰，又是否較喜歡與他人交談，這些也是取決於壓力荷爾蒙或幸福荷爾蒙在他們的大腦中作用有多強，又有多快會被分解；也受到大腦中的神經細胞如何相互連結、在彼此交流中如何受到神經傳導物質所影響；此外，我們對於激素的反應有多敏感，又產生了多少的激素（其中有許多都是我們的基因所固有），也具有決定性的因素。就連其他的生物因素也扮演某種角色。根據維吉尼亞大學的一項研究顯示，內向者的大腦往往更容易受到刺激，由於這種高度的易刺激性，內向的人顯然比較不需尋求來自外界的刺激，因為如果刺激過多，他們反而會感到不舒服。

如果五大性格特質約有百分之五十是受遺傳所影響，這就意味著，還有一半的比例也會受到環境等外在因素影響。生活對於性格造成的影響力與基因一樣大，而且這樣的影響力並非僅限於出生後的頭幾年，「一個人主要是受人生最初階段所形塑」的想法顯然是錯誤的。

人格心理學家彥斯‧阿森多夫（Jens Asendorpf）就認為：「佛洛伊德完全高估了童年的影響力。」阿森多夫過去曾在柏林洪堡德大學鑽研人類個性長達數十年，目前他已退休。他的後繼者茱莉‧史派西特也表示：「這似乎是源自精神分析初始的一項遺物。」佛洛伊德指出，人生最初階段種種經驗的影響力必然會遍及整個人生，這早已被認為是過時的想法，除非孩子確實曾遭到施暴與虐待。出生後頭幾年對人的性格養成的確相當重要，但有生之年的其他歲月也同樣重要。

一個人為何會具有現今的性格，其近幾年的經歷要比數十年前曾發生的事重要得多，而且當下的生活狀況更具關鍵性，像是：我們會把時間花在什麼地方？我們所從事的是什麼職業？我們正在戀愛嗎？如果是的話，關係如何呢？我們有些什麼愛好？我們生活在什麼樣的環境條件下？

我們的決定，決定了我們

新的研究證實，雖然基因確實建構了性格的基礎，不過環境、朋友、社交網絡及生活才是形塑我們目前個性的因素。

當我們結識他人，或是生活中有新的經歷後，都會讓我們有所改變。因此，並不存在顛撲不滅的自我，人們也會對自己的性格產生影響。法國文學家暨哲學家卡繆曾說：「人生就是你所有抉擇的總和。」齊克果也曾有過類似的說法。

事實上，改變我們的，最主要就是我們在面臨人生十字路口時所做的種種決定。史派西特、艾格洛夫與施穆克勒根據「社會經濟調查」的數據資料，針對十二項重大人生事件對於人格發展的影響進行研究後，證實了這點。

該調查的參與者陳述了在做過上次調查後的四年中，在人生中是否發生過某些深具意義的重大事件，例如，他們是否搬出了原生家庭，自立門戶？是否生了小孩？是否結婚、分居或離婚？有失業或退休嗎？又是否有家庭成員過世？

研究結果表明，有孩子、有工作或有固定伴侶關係的人，相較於沒有相同經歷的那些人，兩者可謂截然不同。一個人在中學畢業後是成為學徒，還是繼續升學，不僅會左右他的學生生涯，還會影響他未來從事的行業。此外，較早投入職場的人，比較容易接受新事物與新觀念，較具開放性，也會更有責任心，畢竟，責任感在工作中是不可或缺的特質：人們必須準時上班，看起來也要夠專業且值得信賴。有別於學生在一夜狂歡後，隔天可以蹺課，或是在課堂上打瞌睡，公司老闆絕不會容忍員工有這樣脫序的行為。因此大學生在情感上比較成熟，因為與成為學徒的人相比，他們更被要求要獨立自主；而當學徒的年輕人，在培訓期間，往往都還住在家裡，而且是公司中的最低層員工，對所有事情只能聽話照做。

其他的重大決定也會影響一個人的本性，像是出國、去異鄉打工換宿等，這些經歷或多或少都可能為人帶來開放性。即使一個人原本比較內向、害羞，在這些情況下也會試著主動敞開心胸。新的體驗可能會很棒，或許可以增廣見聞、拓展眼界、結識有趣的人，讓個性有重塑的機會。

相反地，穩固的伴侶關係會讓人安逸地處於二人世界的舒適圈，也不熱中結識新朋友。然而當與另一半分手或離婚時，重獲自由的感受，會讓人思考自己想尋找何種個性的新伴侶，因此在人際關係上也會變得比較活躍。

老人總是討人厭？

由於性格並不會隨年齡的增長而自動趨於穩定，因此高齡者也可能發生強烈的改變。有些人會再次完全翻轉人生，汲汲營營的人到了晚年可能變成慈祥和藹的祖父，憤世嫉俗的人可能變得謙虛隨和，逆來順受的人可能會變得叛逆，一個始終盡責的母親或許會變成為自己而活、不在乎世俗眼光的女性。當然，上述的情況也可能完全反向運作。

扮演新的社會角色

當上了年紀的人擺脫職業與生活的束縛後，他們往往會以一種特別輕鬆的方式來對待自己的人生，這時，就會產生心理學家稱為「甜蜜生活」（La Dolce Vita）的效應，我們對自己的期望會降低，也變得比較不可靠，而且會更在乎自己。平均而言，老年人改變的幅度甚至特別大。茱莉・史派西特表示：「有些上了年紀的人，性格的改變就像青少年一樣強烈。」

造成高齡者個性改變的原因並非只有退休，根據專家學者們推測，一個人在人生最後數十年裡所遭遇的一些重大人生事件，都可能是轉變的肇因，例如由於失去親人因而要擔負新的責任、罹患疾病或瀕臨死亡等。因此，鰥夫在妻子去世後可能會明顯變得更有責任心，寡婦則可能變得不如從前那樣認真盡責。這種效應或許可用傳統的伴侶關係角色分配來解釋，烏特勒支大學的心理學家羅斯・胡特曼（Roos Hutteman，她曾在柏林做過很長時間的研究）就表示：「如果一個人能適應某個新的社會角色，他就會繼續成長，直到老年。」

不過，相反的情況卻也同樣適用。如果我們總是因循相同的規則，就永遠不會改變。維納・格列佛表示，只要沒有受到外界的變化或外在的壓力影響，成年後的我們就不太會在自主建立的生活中做出太多改變，那些選擇自己的住所與工作的人，很少會去適應新事物。格列佛表示：「當我們年紀越大，若無必要，就越不可能搬家或遷居。」一旦我們進入自己所選擇的生活中，大部分的人就不再有理由去做改變。因此在過去的研究中一再證明，隨著年齡增長，人的性格會越來越穩定，這項事實或許正顯示，我們的所作所為反映出對於穩定性的渴望。

老年人的性格會越變越好

在這些研究中發現，老年人並不像人們通常認為的那樣變得更褊狹、更固執。相反地，他們甚至會變得更具親和力，也就是開朗、信任、仁慈與謙虛，只有非常少數的老人會符合「脾氣暴躁」的既定形象。茱莉・史派西特表示：「如果我們把一組年輕人和一組老年人拿來比較，甚至會發現，相較於三十歲左右的年輕人，老年人普遍更寬容且更樂於助人。」

當史派西特首次獲知這些結論時，還是位年輕的研究員，面對這樣的資訊她簡直難以置信。不單只是在此項調查中，高齡者普遍呈現出的溫和特質，與「脾氣暴躁的老人」這種眾所周知的刻板印象相矛盾，更因為截至當時為止，世人都普遍認為，人的個性會隨著年紀增長而越趨穩定，老年人當然也不會有任何改變。她表示：「這也是為何長久以來沒有人仔細研究老年族群的原因。」如今我們已經知道，就連猿猴的性格，也都存在著類似人類老後的趨勢。

我們之所以會以為年輕人較具可變性，或許也是因為他們的生活正面臨更強的變化與影響，而且還常須肩負不熟悉的任務。他們不斷結識新朋友；每隔幾年就會進入新的人生階段，從幼兒園到小學，接著再到中學等；他們一直在建立各種新關係，包括朋友、戀人或伴侶等等。誠如心理學家維比克・布萊多恩（Wiebke Bleidorn）所指出，這些過程與歷練形塑了年輕人。她比較多個國家的人民後發現：在人們較晚扮演成人角色及肩負責任的地方，也就是普遍較晚婚或開始接受職業培訓的地方，那裡的年輕人較願意、且能長期接受新經驗與新事物。

老後人生並不悲苦

人會藉由完成人生中的種種課題而變得成熟，也因此特別是在老年時期，主動的改變尤為重要。距離預期的死亡越近，人們或許越想探究，自己究竟想成為什麼樣的人，並找到答案。

然而，這並不意味著老年人會更敏感、更不穩定，或是因為身心狀態走下坡而顯得更神經質。雖然長期以來，無論在學術界或是在一般民眾心目中，普遍都抱持著上述想法，但哥特堡大學的學者藉由研究推翻了這種偏見。

他們針對瑞典一項長期研究雙胞胎的數據資料進行了分析。該項研究的四百零八位受訪者，在參與時是介於八十到九十八歲的高齡男女。在為期長達六年的時間裡，他們在各自的住處分別被探訪四次，研究人員會詢問他們目前的健康狀況、如何處理自己的日常生活起居……等問題，並完成一份性格測驗。所獲得的結果顯示：雖然老人們患病的比例較高，可是他們絕不會較緊張或心理不穩定。大多數的高齡者顯然都很樂在生活，雖然他們會隨著年事漸高而變得比較內向。不過，唯有在他們變得重聽的情況下，才會影響健康狀況。聽力良好的老年人，無論他們的身體狀況如何，都會較為關注自己的內心狀態，對於與外界接觸的興趣則相對較小。

主動改變，就能掌控人生

可以確定的是，直到三十歲之前，在我們的性格上都會產生許多的變化。一旦投入職場、與某人共結連理，或是為人父母必須以身作則，我們往往會有很長一段時間傾向於保持安穩不變，直到一段穩定的時期過後，我們才會願意改變或樂於改變。史派西特表示：「這時才會發生能與甫成年時相提並論的改變。」

可是，之後到底要到幾歲，才會再度產生改變？為何有些人會早在四十歲時，而另一些人則要等到五十、六十或七十歲時，才會走上新的人生道路？相較於一個人的實際年齡，更重要的是他所感覺的自身年齡，又或者是他感覺到的剩餘人生。這個「倒數的年紀」為人們賦予了新的任務：到了這個年紀，他們還想做些什麼，又想要有何突破。

我們一次又一次適應人生中的挑戰。譬如，當我們追求某個目標時，自身的境況也會因此轉變，此時某些人格特質或許對我們會變得更重要，或許會讓我們感覺自己很不錯，也或許能讓我們成為更好的人。通常，我們也會在不知不覺中接受這些特質，心理學家稱此為「適應機制」。

不過這也意味著，藉由做出合宜的決定，主動讓自己處於正確的境況，同樣能影響我們的個性。舉例來說，我們可以特意讓自己面對某些新的挑戰，像是出國旅遊、躲到某個你未曾去過且人跡罕至的地方享受幽靜，或是學習新的語言，而非只是懶洋洋地躺在沙發上追劇。此舉能夠訓練一個人的開放性與外向性，特別是在退休後（當然並非只有這個時期），我們可以藉由刻意建立社交圈，與外界保持接觸，讓心態不僵化。我們也可以做做猜謎遊戲等動腦思考、積極參與政策或意見辯論、從事社交活動，或是學習一直想要演奏的某種樂器，儘管我們的手指靈活度早已大不如前。

老年人還可以利用人格心理學的新知，發揮自身的發展潛能，藉以妥善應對老年後常會面臨的重大變化與挑戰。維納•格列佛表示：「就算隔天我們即將逝去，還是可以學些新東西，讓自己更進步。」

五大性格特質分析

一、神經質型

明顯神經質的人會被認為情緒是不穩定的。他們會長時間感受到恐懼、焦慮、悲傷、緊張、尷尬與不安全感。總體而言，他們比較擔心自己的健康，容易幻想，也容易在面對挫折時立刻感受到巨大的壓力。

較不神經質的人則傾向於穩定、放鬆、滿足與平靜，鮮少有不舒服的感覺，但這並不代表他們比較常有正面的情緒。

二、外向型

外向的人熱情、開朗且樂觀，善於交際、健談且主動，也樂於接受種種挑戰。內向的人則傾向深居簡出，有時甚至會態度冷淡。他們被認為冷靜且獨立，而且喜歡獨處。

三、開放型

心胸寬大的人樂於經歷種種新的體驗，期待新的變化。他們通常都善於思考，想像力豐富，對於自身情緒感受強烈。他們充滿好奇心，熱中嘗試，而且興趣廣泛。在判斷上趨向獨立，也會質疑約定俗成的社會規範。

開放性較低的人往往趨於傳統與保守，對於自身的情緒感受沒有那麼強烈，個性務實，給人腳踏實地的感覺。

四、和善型

親和力較高的人往往非常合群，重視信任和團結。他們會對人表現出同情和體諒，多半也樂於助人、品行端正且為人謙遜。

親和力較低的人常以自我為中心。他們不易輕信或體諒他人，也不是多愁善感的人。相較於合作，他們更重視競爭。

五、認真嚴謹型

有責任感的人會仔細做好計畫，做事按部就班、目標明確且很有效率。他們會對自身的行為負責，也會以實際行動證明自己是可靠、有紀律的。只是過度小心翼翼的人也可能會謹小慎微，遲遲不敢踏出第一步。

較不具有責任感的人常率性而為，大而化之，不會特別謹慎和講究。他們會被視為輕浮、缺乏穩定性，做事總是一團亂。

學會識人，是很重要的能力。光是藉著觀察某人播報一段日常又無聊的氣象報告，或許我們就能看出這個人是外向還是內向。但如果想要更深入了解一個人，我們得有更多資訊：他在哪些情況下會做出什麼樣的行為？他在壓力下還能沉穩工作，還是會做出令人意想不到的反應？失敗會令他變得沮喪還是暴躁？經歷挫折之後能重新振作嗎？特別是企業主或工作類型事涉敏感（例如軍隊）的雇主，尤其會留心這些事情。是以在美國軍方的委託下，心理學家一直嘗試開發能準確預測人們反應的測驗。

早在第一次世界大戰，當時的總司令就想找出心理特別穩定的士兵，但成效不彰，總是會一再失算地任命一些情緒不穩的人為機要，或是有些員工後來會變得散漫且不可靠。這些人之所以能夠獲得錄取或升官，無非只是因為他們給老闆留下深刻的印象，而且他們也深知，在測試中應該如何應對才能順利過關。

時至今日，我們或許可以這麼說，那些過去常用於軍隊與公司機構的傳統測驗，幾乎已為世人遺忘。在現今的網路時代，人們正積極開發各種更現代、更能精準直探人心的方式。

事實上，現在的人們就像一本已被翻開的書，要看出一個人具有什麼樣的個性，不必像從前那樣填寫問卷、回答許多問題，光是分析這個人在網路上所留下的數位足跡就足以做出判斷。至少自米哈爾・柯辛斯基（Michal Kosinski）發表他的研究後，情況便是如此，這位年輕學者更被認為是將操控的利器交到民粹主義者手中的人。

FB按讚，洩漏你的內心

柯辛斯基身著灰色西裝，內搭紫色襯衫，繫著一條紫色領帶，姍姍來遲地抵達了在柏林舉行的數位化研討會。這就是可能該為英國脫歐和川普當選負責的那個人。他有雙閃亮的藍眼睛，還會不時露出令人著迷的笑容。「如果我有點恍神的話，還請見諒，」他禮貌地致歉道，「因為我已有二十多個小時未曾合眼了。」

柯辛斯基一九八三年生於波蘭，曾在華沙就讀大學，在劍橋取得博士學位，目前是史丹佛大學的教授。他看起來一點也不像想將「邪惡」散播到世上的人。

可是，他真的沒有這樣的企圖心嗎？

這位年輕的教授連夜從舊金山趕來，在睥睨柏林市區的玻璃帷幕會議中心裡，暢談他的最新研究，而他的專長就是：心理分析。

這位心理學家設計了一種演算法，能解讀素未謀面者的性格。他表示，他可以從人們遺留在網路上的數據與相關資訊了解他們的性格，還能從人像照中判讀出一些私密的細節。某人是川普的選民嗎？他抽菸嗎？他是同性戀嗎？是基督徒嗎？他對即溶湯包的接受程度如何？憑藉他的演算法，對於只是看到在網路上做了什麼的那些人，便能獲知超精準的資訊。有些人甚至聲稱，如果沒有柯辛斯基的研究，今日的世界或許會是另一種樣子。

當然，即使沒有這種數據分析，人們仍能得知他人的個性。然而，一般人的判斷方式或「偵測雷達」有所局限，所以人們經常會被欺騙。

俗話說得好，人不可貌相。這句古老的諺語，早在柯辛斯基發表他的研究之前就已出現，彼時當然也還未發明網路。到了二〇一二年，每人每天平均留下的數位足跡為五億位元組，到了二〇二五年，預估這項數值將會達到六二〇億位元組。柯辛斯基能從這些我們常在不知不覺中產生的數據資料中，讀出網路使用者的習慣與偏好。

柯辛斯基表示，他的演算法能準確預測上網者的性別（準確率百分之九十三）、宗教信仰（準確率百分之八十二）、政治傾向（民主黨或共和黨，準確率百分之八十五）、婚姻關係（單身或有伴侶，準確率百分之六十五）、性取向（男同性戀，準確率百分之八十八；女同性戀，準確率百分之七十五）。更有百分之六十的機率可以準確識別出，某人在他（她）二十一歲生日時其父母是否還在一起。這些推測，顯然都比光靠投擲硬幣以機率來回答問題更為準確。

即使不靠電腦，人們其實也能做出類似的猜測。「Hello Kitty」的粉絲會是怎麼樣的人呢？當然很可能是年輕的女性。那麼，美國槍枝遊說組織「美國全國步槍協會」的會員會是怎樣的人呢？他們極可能是川普的選民。女神卡卡（Lady Gaga）的粉絲又會是怎樣的人呢？應該是比較外向的。

但演算法可以做到的卻遠不止於此，因為它們不只能掌握一個人在人生中所積累的種種經驗，當電腦就數百萬筆數位足跡進行分析時，它們能從中看出所有全新的關聯性。柯辛斯基表示：「如此一來，種種私密的心理特質就會有高度的可預測性。」

光憑某人在網路上點擊的十個「讚」，他的演算法就能比那個人的同事更準確預測其行為。若有超過一百個「讚」，電腦則能比那個人的家人與朋友更了解他。若是超過二五〇個「讚」，電腦甚至能比那個人的伴侶更懂他。柯辛斯基表示：「二五〇個『讚』很容易就能收集到。而且人們不只會在Facebook留下這樣的訊息，它們會遍及整個網路。」

茱莉・史派西特也認為，就長遠看，這種對於人類心理所做的分析非常可靠。她表示：「電腦程式能從網路上的個人數據推斷出許多事。」相較於傳統的性格測驗，這類分析甚至具有一項重大優勢，那就是：人們是在不知不覺中提供了關於自己的資訊，他們是在網路上的瀏覽行為與按讚中，不經意地顯露自己的偏好與態度；這有別於在性格測驗中，當人們被問及對自己的看法時，他們明知如實回答才能做出正確的分析，但卻常受到這種測驗情境影響，而給出一些或許是別人想要的答案。

讓英國脫歐，幫川普當選的大數據黑手

問題是，如果這樣行得通，那麼不單只有這位聰明的教授可以解讀他人的性格，就連許多的獨裁者、川普的競選總幹事與亞馬遜（Amazon）的銷售策略師同樣也都能這麼做。一個人若能看透他人，就能操縱他人。對此，柯辛斯基提出警告：「這就像面對颶風，如果我們做越充足的準備，就會越安全。」

這也就是為何他婉拒名為「劍橋分析」（Cambridge Analytica）大數據公司的工作邀約。在他的第一本重要著作發表後，該公司就想聘用柯辛斯基，借助他的技術進行廣告及宣傳等行銷的人為操作。後來雙方的合作破局，劍橋分析公司聲稱，即使沒有柯辛斯基的幫助，他們公司自己也能做到。

劍橋分析的老闆亞歷山大・尼克斯（Alexander Nix）曾向瑞士的《每日新聞》表示，他們公司以柯辛斯基的計算模型為基礎，成功地將川普送上總統寶座，也順利促成英國人脫歐。在美國大選期間，他們公司發送了十七萬五千多封不同的郵件，這些郵件在微小的細節上雖不盡相同，但都以投其所好的方式促使收件者支持

川普。同樣可以肯定的是，該公司不當取得了數千萬Facebook用戶的數據資料，並利用這些資料來遂行他們的目的。

在那之後，許多人都在討論，川普競選活動的心理操作手法究竟有何貓膩？柯辛斯基本人也對此感到懷疑，他曾語帶諷刺地表示：「川普從未打電話向我道謝。」不過基本上，種種的人為操作確實是有其可能，像是在監視他人時，可以專門發送一些較能對對方發揮影響力的信息。這種做法或許無法讓立場堅定的左派變成右派，不過，有時候些許的不確定性或證據，就足以使中間選民倒向某一邊。柯辛斯基表示：「這最終會在某種統計上產生效果。」

這位心理學家在二〇一八年十一月非常具體地展示了他的分析成果。他將化妝品廣告發送給三百五十萬的Facebook用戶；其中某些人會看到針對他們個性所量身訂做的廣告。如果演算法將他們歸為外向型，他們就會看到一個塗抹粉紅色唇膏的狂熱女舞者。至於內向的人，則會看到一個頭繫髮帶、肌膚粉嫩且微笑矜持的女人。結果，收到與自己個性相符的廣告族群，多購買了百分之五十的化妝品。

早在很久以前，柯辛斯基就在網路上盡量保持低調。他到底多大年紀？在哪出生？關於這類資訊，人們必須由他親口告知才得以獲悉。在Twitter上，他只有四百四十五次發文或留言，也只按了二百一十一個「讚」。他表示：「我很清楚，人們可以從這些訊息解讀出什麼。」

然而他也認為，即使一路保持低調，恐怕也不足以保護自己。「即便我們把手機留在家裡，我們還是會在街上走動，這就會被監視器給拍下。」在中國，政府機關早就利用這類的數位紀錄，哪些人何時去了哪裡，偉大的領導人都一清二楚。

柯辛斯基警告，不久之後，獨裁者們甚至可以藉由人臉辨識判讀某些東西。這是他最新的研究計畫，它的實際應用將可透視人心。像是在參酌臉部表情、眼鏡類型或髮型等條件下，便能高度準確判讀出某人是否為同性戀。此外，揭示個人的聰明才智、政治傾向或犯罪野心，也可能在他的計畫範圍內。

關於這些研究項目，柯辛斯基再次遇到很大的阻力。有人認為，這種事情根本就是無稽之談。早在一百多年前，科學家就曾徒勞無功地鑽研過面相學。柯辛斯基很有風度地接受各種批評。「還好沒人直接朝我丟番茄，」他笑著說，「很顯然，聽眾裡沒有社會科學家。對他們來說，憑藉外在去推斷內心是種禁忌。」

儘管對於頭骨與臉部特徵的量測會引發令人極不舒服的聯想，不過事實上，人們卻每天都在沒有電腦輔助的情況下，根據外表去解讀他人的私密特質，只不過沒有那麼精準就是了。

性別我們通常可以立即辨識。情緒我們同樣也能看得出來；即使對方試圖隱藏。有些臉孔還會透露出病容。如果再加上造型，將會有更多的可能性。哪個人在領失業救濟金，是那個戴著牛角框眼鏡的男人，還是那個反戴棒球帽的男人？哪個人比較害羞，是那個笑容燦爛的女人，還是那個緊扣上衣鈕釦的女人？「我們大多能隱約感覺出來。」柯辛斯基說。他的分析與百年前圍繞著鼻子線條或額頭形狀打轉的研究截然不同，後者是電腦從成千上萬的人臉上的數千個點所做的量測中得出結論。

當然，電腦也會出錯。「就像Google地圖有時也會出錯，」柯辛斯基表示，「但我也曉得，自己該遵循朋友給我的路線指示前行。」人們可以感覺得到，他似乎不太想討論這件事。也許，這類研究目前尚不足以說服眾人，但演算法肯定會變得更好。至於那些將同性戀者送進監獄的獨裁者，他們顯然並不在乎這樣的分析可能只有百分之八十是正確的。

柯辛斯基的研究勾勒出某些可怕的景象，他也曾在自己的著作裡語帶告誡地寫道：「這項研究或許會威脅到個人的幸福、自由甚或生命。」如果這一切成真，難道不是他的錯嗎？他表示：「我認為，這不是個公平的問題。」各國的政府與相關機構恐怕早就在使用演算法了，他並未推波助瀾。「這些事情遲早會有人做。我只是提出警告，為何要責怪我？」

在這件事情上，他似乎有點受傷。他其實只是想要知道，什麼事情是可以辦得到，藉此才能向社會說明，什麼事情或許是可行的。但他也承認，他的研究同樣可能有益於權力的黑暗面。「當我們向人們提出警告時，也會引起壞人的注意。情況總是如此。我不得不忍受。」

自我測驗：我有怎樣的性格？

在前面的章節中提到，我們會顯露出怎樣的特質，這要取決於當下的那個日子、我們的心情，和我們打交道的人、我們想要或必須完成的工作，此外也取決於許許多多的小事情。

不過所有的這一切、所有自我靈活性，全奠基於我們個性的基礎上。我們究竟是比較外向，還是比較內向，我們是傾向認真負責地完成任務，抑或比較隨興地處理各種約定與義務，這在很大的程度上取決於我們的基因。我們會帶著這些資質出發，一路適應外部的環境，還會根據目前所處的人生階段，或者敞開胸懷接受新的冒險，又或在與人打交道時採取恐懼、謹慎或親和的態度。這也就是為何性格測驗可以讓我們概略看出，一個人是如何交織於這些基本特質中。

以科學為本的各種測驗，例如由「五大性格特質」之父麥克雷與柯斯塔，所開發的各種測驗，規模十分龐大。原始的測驗，「五大性格因素量表」（Revised NEO Personality Inventory；簡稱：NEO-PI-R），要求測驗對象回答二百四十個問題，後來麥克雷與柯斯塔設計了一個只有六十道題的縮減版，稱為「五大性格因素量表簡化版」（NEO-Five Factor Inventory；簡稱：NEO-FFI），彼得・博肯瑙（Peter Borkenau）與佛里茲・歐斯登多夫（Fritz Ostendorf）則將它翻譯成德文。不過，較短的測驗，像是以下介紹的測驗，同樣也能為我們提供快速分類。

話說回來，我們究竟為何要接受這樣的測驗？美國賓州大學的心理學教授約翰・約翰遜（John A. Johnson）曾指出：「大家其實都有點不太確定，自己究竟是什麼樣的人。」他致力於性格測驗已有多年，更以「五大性格特質」為本開發了多套線上測驗（英文版）。人們可在網路上找到這些內含一百二十到三百個問題不等的測驗（相關連結可參見本書附錄）。「我們都是具有多種思想、情緒與衝動的多維生物，其中還夾雜著某些相互矛盾。」我們希望有人能夠告訴我們，自己究竟是個什麼樣的人。此外，我們也想知道，他人是如何看待我們。只不過這或許無法利用這樣的測驗來探知，測驗只是我們如何看待自己的一面鏡子。

所以，如果你有為自己「分類」的興趣，不妨做做測驗，最終你可以大致看出自己身上最顯著的性格面向，至少是在你回答問題時最顯著的性格面向。

有別於「五大性格特質」，在此我們所探詢的不是「神經質」（情緒不穩定性），而是「情緒穩定性」，這兩種分類是同一種性格面向的相反兩極，只不過「神經質」一語聽起來有點糟。由於在人類的性格因素中沒有哪個是真正負面的，故而在此使用正面的表述。在科學中被標記為「較神經質」的人，容易覺得不安、憂慮，也容易感受到壓力。我們可以同樣貼切且更為友善地說：他們只是在情緒上不那麼穩定。

- 以下有二十五條陳述。有些陳述你會全然同意，有些你則會認為它們與你的情況完全不符。
- 請你使用從一到五的級別，來表示你對這些陳述的贊同程度。
- 本項測驗沒有正確或錯誤的答案，請你以坦誠的態度進行評估。此外，若你能盡快作答且不做修改，結果會更為可靠。

	1＝不 我完全不同意				7＝是 我完全同意	性格 面向
我總是知道我的東西放在哪。	1	2	3	4	5	C
我喜歡去國外旅行。	1	2	3	4	5	O
批評不太會困擾我很久。	1	2	3	4	5	S
我很容易結交新朋友。	1	2	3	4	5	E
對我來說，讓其他人感到自在舒服是件重要的事。	1	2	3	4	5	A
我有很多想法，以至於我無法全都實現。	1	2	3	4	5	O
我從不害怕未來。	1	2	3	4	5	S
當我做出承諾時，我會遵守。	1	2	3	4	5	C
我寧可參加派對也不願讀書。	1	2	3	4	5	E
如果別人說我的壞話，會讓我一直耿耿於懷。	1	2	3	4	5	S
我相信人的良善。	1	2	3	4	5	A
我不在乎壓力。	1	2	3	4	5	S
我樂於認識新的人。	1	2	3	4	5	E
我喜歡嘗試一些新事物。	1	2	3	4	5	O

我喜歡在團隊裡工作。	1	2	3	4	5	A
我工作認真。	1	2	3	4	5	C
我對大多數的事情都感到滿意。	1	2	3	4	5	S
我喜歡與他人相處。	1	2	3	4	5	E
我總是準時赴約。	1	2	3	4	5	C
我對文化很感興趣。	1	2	3	4	5	O
我總會維護他人。	1	2	3	4	5	A
我總會在期限內將事情完成。	1	2	3	4	5	C
我很有求知慾。	1	2	3	4	5	O
若有爭執發生，我總會當個和事佬。	1	2	3	4	5	A
我樂於與陌生人接觸。	1	2	3	4	5	E

討分：
請將你料格中各個面向的得分加總起來：「完全不同意」為1分，「完全同意」為5分，以此類推。接著請在每個二級表格中分別勾選各個面向的得分加總，如此一來，你就能一眼看出，你自認為有哪些非常明顯的特質。

		針對這個面向的五個問題的得分	總分
O	開放型		
C	認真嚴謹型		
A	和善型		
E	外向型		
S	情緒穩定型		

我是個……

極其 （21到25分）					
非常 （16到21分）					
普通 （11到20分）					
有點 （6到10分）					
一點也不 （1到5分）					
性格類型	開放型	認真 嚴謹型	和善型	外向型	情緒 穩定型

四、為什麼我們一生注定受他人影響？

瑞典環保少女的氣候暖化抗爭行動

當格蕾塔・童貝里（Greta Thunberg）開始改變這個世界時，斯堪地那維亞半島正值夏天。她曾是個出人意表的女孩，就連她的父母也覺得她是個令人費解又費心的孩子。

多年來，格蕾塔的父母一直都十分擔心自己的女兒，有時甚至還會自問，這個孩子在未來幾個月是否仍能平安度過。直到格蕾塔坐在瑞典國會前的廣場上抗議之前，她都還是個不起眼的青少女，而且當時她正面臨許多問題。

不過對她來說，這個世界所遭遇的問題似乎更大，也更讓她難以忍受，她必須做點什麼。於是，當年才十五歲的她用膠合板做了塊牌子，上頭寫了「**SKOLSTREJK FÖR KLIMATET**」——「為氣候變遷罷課」（**School Strike For The Climate.**），並在瑞典國會前發起抗議活動。

那天是二〇一八年八月二十日。從那時起，格蕾塔每個星期五都罷課，前去示威抗議。她紮著兩條細細的深棕色髮辮，帶著令人動容的堅毅神情，獨自安靜地坐在斯德哥爾摩的瑞典國會大廈前。

格蕾塔只有一個目的：她想讓政治人物明白，氣候變遷正嚴重威脅地球的未來，從而也威脅年輕人的未來，以及她的未來。這位瑞典少女無法理解，為何大人們沒有意識到這一點。他們只是繼續破壞環境，彷彿災難的跡象還不夠明顯。

幾個月後，一切都再也不同於以往。沉默的格蕾塔掀起了一場國際運動。這時，成千上萬的年輕人，在上課期間的每星期五早上，都在「週五護未來」（**Fridays for future**）的口號下舉行示威抗議。在二〇一九年三月十五日，也就是「全球氣候罷課」（**Global Climate Strike**）之日，有多達一百四十萬人參與了抗議活動；到了同年的九月二十二日，甚至有高達兩百萬人參與。對於他們而言，格蕾塔就像安徒生童話中那個唯一敢說出國王沒有穿衣服的孩子。統治者們正走向災難，但大人們卻只是眼睜睜地看著，同時保持緘默。

於是，格蕾塔成了一個政治化的年輕新世代女英雄。來自世界各地的媒體爭相報導了這位瑞典少女。她搭乘火車前往倫敦、漢堡與柏林等地參與罷課抗議活動。最終，大人們也注意到她。當時已超過十六歲的格蕾塔，不僅獲得教宗的接見，更先後在歐盟議會、卡托維茲聯合國氣候大會、達沃斯世界經濟論壇、英國的下議院及義大利的參議院發表演說。此外，她還名列《時代雜誌》二〇一九年年度百大最具影響力人物，甚至獲得諾貝爾和平獎的提名。從前美國總統歐巴馬到達賴喇嘛，全世界的名人都對這位來自斯德哥爾摩的少女讚譽有加。英國的時尚暨藝術雜誌《i-D》稱她為「改變世界的女孩」。

不過，更加令人驚奇的事發生了。格蕾塔也改變了自己，遠遠超出她父母的奢望。事實上，她原本非常害怕跟陌生人接觸，尤其不信任其他的小孩，也苦於面對他們。她的父親斯萬特・童貝里（Svante Thunberg）曾對《南德意志報》的斯堪地那維亞通訊記者表示，他女兒後來就像變了個人似的。二〇一八年八月在瑞典國會前抗議的那個格蕾塔，之前根本不可能會站到廣場上向一大群人說話。「她本會恐慌發作，然後跑走。」她父親說：「如果當時我們有時間去細想這件事，應該會極度心懷感激。」

多年來，格蕾塔一直是個令父母擔憂的孩子。她很愛哭，也不太吃東西，食量少到讓父母擔心她會餓死。從小她在學校就常被霸凌、邊緣化甚至毆打。當她母親安慰她，以後仍會結交到其他朋友時，她說：「我不要朋友。朋友都是小孩，小孩都很壞。」

亞斯伯格症患者的擇善固執

無疑地，從前的格蕾塔與班上的其他孩子截然不同。她很早就被診斷出患有亞斯伯格症，這是自閉症的一種特殊形式。

患有亞斯伯格症的人往往極為聰明，有時還會有些不尋常的愛好與技能。以格蕾塔為例，她可以將話倒著說，也可以在不到一分鐘的時間內，以正確的順序唸出週期表的所有化學元素，從原子序一的「氫」到原子序一一八的「鿫」（Oganesson）全然無誤。她還知道世界上的所有首都。在被問到南極的凱爾蓋朗群島（Archipel des Kerguelen）的首府時，她會如子彈般迅速地回答：「法蘭西港（Port-aux-Français）。」在被問到斯里蘭卡的首都時，她也可以立即回答：「斯里賈亞瓦德納普拉科特（Sri Jayawardenepura Kotte）。」她還能以同樣快的速度倒著說出來。

然而，如同其他的自閉症患者，亞斯伯格症患者也在建立人際關係方面有很大的困難。他們害怕與人交談，會避免目光接觸，而且通常十分敏感。過多的刺激，像是噪音或肢體觸碰，會令他們驚慌失措。此外，他們往往會對個別的單一主題非常感興趣，例如格蕾塔就極為關注氣候變遷的議題。

她八歲那年在學校看了一部關於世界海洋污染的影片後，就開始注意這方面的事。「那是我第一次認識氣候危機。後來我也在電影和其他圖片看到海洋中的塑膠和極端氣候等環保問題，那些畫面在我腦中揮之不去。我覺得每件事情都錯了，沒有一件事是有意義的。」格蕾塔曾在接受《時代》雜誌訪問時這樣表示。

根據格蕾塔的父母的描述，她對於地球的未來憂心忡忡，讓原已活得很悲苦的她，更失去面對人生的勇氣。她罹患憂鬱症，繼而引發厭食症。她母親曾在日記裡寫道：「我們的女兒被黑暗吞噬了。她不再歡笑，不再說話，也不再進食。」格蕾塔夜晚睡在床上時哭，在上學途中哭，在上課與下課時也哭。她的老師幾乎每天都會從學校打電話到她家，說她這樣無法繼續上課，得有人來把這個孩子接回去。如今格蕾塔表示：「我的憂鬱症有很多原因，其中對於氣候的擔憂占了很大一部分。我覺得如果我們全都已經死到臨頭，那就沒有什麼事情會有意義。」

在接下來的幾個禮拜裡，她的體重掉了將近十公斤。她的父母盡了一切努力，但唯一比較有效的就只有給格蕾塔充分的時間進食，而且最好是邊看電視邊吃，藉此讓她分心。他們會避免強迫她吃東西，並認真記錄她所吃的食物，藉此知道孩子確實有吃點什麼，以免過度焦慮。他們會在廚房牆上一張A3大小的紙上做紀錄，像是「早餐：三分之一根香蕉；時間：五十三分鐘」，或是「午餐：五顆義式麵疙瘩（gnocchi）；時間：兩小時十分鐘」。

這是格蕾塔父母在瑞典出版的書裡所記載，在女兒發起抗議活動前他們的家庭日常生活。在書中，父母與兩個女兒——格蕾塔與貝婭塔（Beata；除了其他一些疾病，她同樣也罹患輕度自閉症），共同描述了他們家如何在種種問題的重壓下幾近崩潰。「我們必須一起記錄這一切，」母親瑪蓮娜・恩曼（Malena Ernman）如此說道；她是瑞典著名的歌劇女伶。「我們過得很糟。這個世界過得很糟。就連小狗也都過得很糟。」但根本沒人在意。

時至今日，格蕾塔表示，過去除了她的家人以外，沒人真正在乎她。就連她在瑞典國會大廈前展開抗議的最初幾週，也幾乎沒人把她當回事，人們連瞧也不瞧她一眼。她說：「我和貝婭塔是被漠視的女孩。我們很安靜，在別人眼裡就像根本不存在一樣。」

家人的力挺與支持

如今，格蕾塔會主動捍衛自己的立場。她依然很害羞，要直視一個陌生人的眼睛或與之交談，對她來說仍是件難事。不過現在她已能面對別人，甚至面對人群，也能夠發表演說及接受訪問。每當事涉氣候變遷，她總會竭盡所能地克服羞怯的天性。她表示：「這時我一點也不緊張，因為我有話要說。」

格蕾塔的父母也跟著女兒一起開始改變。她的母親身為歌劇演唱家，得經常飛往世界各地，諸如東京、馬德里與維也納等地。她的父親斯萬特是演員兼電影製作人，也需常搭飛機，他還擁有兩張飛行常客金卡。但由於格蕾塔的堅持不懈，且她所說的話也都頗有道理，於是她的雙親被女兒說服，從此不再搭飛機，也改吃素。

這樣的經歷，讓格蕾塔擺脫了憂鬱與無助感。她非常高興：「我發現我的確能改變人們的想法。」

過去曾有長達四、五年的時間，她散步不敢走太遠，而且經常頭痛。她也曾有長達一年的時間沒去上學。「突然間，我們發現她完全變了。」她父親說。在廣場上抗議的第三天，有人從泰式小吃店帶了個便當給這個幾乎滴水未進的孩子。她吃了。「這對我們來說，簡直是不可思議！」

如今，曾經極易陷於恐慌的格蕾塔，居然能怒斥國會議員與政治性會議的與會者：「你們真幼稚！」「我要你們陷入恐慌！」

我們與世界是共鳴系統

慕尼黑黑克夏醫院的醫療主任法蘭茲・約瑟夫・佛萊斯雷德（**Franz Joseph Freisleder**）兒童暨青少年精神科醫生表示，對於一個患有亞斯伯格症的孩子如何能造成這種改變，他感到十分疑惑。他表示：「這種疾病實際上是慢性且嚴重的，因此有人懷疑對格蕾塔的診斷是否正確。」然而，不論格蕾塔是否真是名亞斯伯格症患者，抑或她先前的行為其實是由其他原因造成，她的改變顯然都是巨大的。

針對消失的憂鬱症、群眾恐懼症等，格蕾塔提出一個巧妙的解釋：因為她有一個值得努力奮鬥的目標，而且她體認到，自己可以幫助他人。「所以我覺得自己充滿活力。我能發揮影響力，我負有使命。」

擁有目標、具有行為所依據的價值觀、能在自己的所作所為中看到意義，這些都是能「餵養」心靈的「主食」。它們能驅動人們前行，使人們感到滿足，並提升自我價值感。但這些還不是全部。

格蕾塔所提到的第二個面向，其實也同樣重要，那就是：「相信自己可以有所作為」的信念；心理學家則稱此為「自我效能期望」。人們可以改變自身的處境，至少能從周遭開始重塑這個世界，也可以讓人傾聽他人所說的話、尊重他人的感受或想法。這些認知因素，促成了心理健康的人生，強化並形塑了一個人。

在與他人互動與反饋中形成的自我認知

此外，有助於性格形成的，不單只有自身的信念與價值觀，他人的反應也相當重要，像是他人所提供的反饋及反應等。

格蕾塔在瑞典國會廣場上受到很多鼓勵，她也注意到自己對他人產生了影響，有越來越多的年輕人起而效尤，她的罷課行動甚至往外擴散至其他國家，這一切都驅使她繼續前行。而且此事對她來說，重要性大過她與外界接觸的恐懼，因此她不得不與越來越多人打交道。在這當中她體驗到，與他人互動來往其實並沒有那麼糟糕，不是所有的孩子都是惡劣的，也不是所有的陌生人都是一肚子壞水，許多人都以友好的方式對待她。此外，若能與他人進行交流互動，或許也會有很大的好處。

當我們周遭的世界發生變化，我們也會跟著改變，這點適用於所有人。我們與世界是個共鳴系統，當我們在社會、職場或家庭裡扮演某種新角色，我們就會有所改變。無論我們做或不做什麼，無論我們遇到什麼人，我們總是一直在接受反饋。接著，我們會與外界帶給自身的那些東西產生共鳴，又或者會奮力與之反抗。我們會體驗到，自身的行為方式會遇到正面或負面的反饋，進而從中獲得體悟。就這樣，我們的個性會在與生活的互動中發生改變。這早自幼兒時期就已開始，而且在人生過程中會永不止息。

社會學家暨「慢活教主」佛里茲・雷伊斯（Fritz Reheis）曾寫道，人們深深依賴著共鳴，「當我們表達自身的想法時，我們期待被理解；當我們認真工作，我們期待被認可；當我們付出愛時，則期待被愛。這所有的一切，都與『共鳴』有關。」

共鳴甚至會顯現在身體層面，例如我們會模仿他人的舉止，調整自己的肢體語言。我們的大腦也會與他人的大腦產生共鳴。當兩個人交談時，他們的腦波會趨於同步，誠如西班牙科學家在二〇一七年借助腦電圖測量對話者腦波所顯示的結果，即使我們沒有親眼見到正與自己談話的人，大腦也會與對方的大腦產生高度的共鳴，顯然大腦之間的聯繫不單只是與語言處理有關。

因此，他人對我們的影響非常大。我們之所以相信自己是有自信、盡責或友善，那是因為這一切信念深植於我們的內心。然而，它們究竟扎根多深，又究竟從何而來呢？形塑我們性格並且定義了我們自身的那些特質，很少是與生俱來的。

雖然嬰兒通常都會帶著一定程度的自我意識出世，像是有些寶寶會比較膽小，有些比較好奇，有些顯得容易滿足，有些則會哭鬧個不停，但他們卻不會具有井井有條、樂於助人或慷慨大方的特質。事實上，這些特質是我們的父母、朋友、熟人以及後來的同事或競爭對手，藉由說出某些話語，在我們身上喚起或加以強化為「信念」。例如他們會表示：「你很友善」、「我很慶幸你能伸出援手」或「不要總是動不動就發火」。我們是什麼樣的人、應該成為什麼樣的人，又或不該成為什麼樣的人，這些信念在很大程度上都是由他人所形塑。

我們如何感受、如何行為、如何描述自己，在這些問題上，我們的自我認知會一再受到他人的反應而導致干擾、刺激和改變。這不單只是因為我們受到別人誇讚或突然發生不愉快的事，其實也是因為我們觀察到他人對我們有何反應，從所有的這一切推斷出自己是什麼樣的人。我們長年在履行父母的期望，選擇他們建議的工作，也在不知不覺中找到我們認為最符合父母要求的伴侶。我們往往需要耗費數年的光陰才能意識到，我們的行為與為人，絕非總和他人對我們的描述以及我們對自己的看法一致。

「親密」又「獨立」的矛盾需求

當然，我們也絕不會乖乖遵循周遭給予的所有指示，甚至還常會反其道而行。從第一個反抗期開始即是如此，在叛逆的青春期之後也仍會持續發生。

韋爾海格指出：「我們的身分自始至終都是一個兩極間的緊張領域，一端是與他人相互協調，另一端則是要與他人劃清界線。」對於我們的身分而言，「保持距離」以及與之有關的「爭取自主」，和「自我認同」同樣重要，因為如此一來，我們才能變得獨一無二。我們希望屬於較大的整體，但也想要獨立。身為追求個性的社會生物，人類有兩個總是相互矛盾的需求。誠如美國的行為學家暨社會心理學家布萊恩・拉沃里（Brian Lowery）所言：「我們希望建立親密的社會聯繫，同時卻又想要個人自由，我們經常會迷失方向地游移在兩者之間。」

於是，在青少年時期，我們會反抗父母、學校和社會，揚棄那些加諸在自身的規則，想嘗試以不同的方式去生活會有何感覺。儘管此時青少年相信，他們完全是在做自己，但他們卻忽略了一些重要的東西：他們當下的大部分行為方式並不是自己所決定的，主要取決於他們至今的生活方式以及參與其中的人。因此，有些人會用哥德次文化的穿著裝扮，來抗議家庭裡的刻板守舊，有些人會穿著筆挺的襯衫，來抗議父母的懶散，另有一些人則會用大麥克餐來對抗家裡餐桌上的環保霸權。

即使身為成年人，有時我們也會故意做某些事，只為違逆他人的心意。順道一提，這種在心理學稱為「矛盾介入」或「矛盾意向法」的技巧，可以在教養中善加利用。也就是父母嘗試做一些與過往管教時完全相反的事，或許會使孩子產生改變。舉例來說，如果孩子挑食，絕不吃菠菜，父母可以告訴孩子：「今天你只能吃馬鈴薯，只有大人才能吃菠菜！」這會與孩子心中「打死不吃菠菜」的信念產生矛盾與衝突，因而忍不住想嘗試吃菠菜。

身分永遠只是一種暫時的狀態，是相互協調與劃清界線之間交互作用的當下結果，也是外界為我們量身訂做種種想法的集合。在韋爾海格看來，被收養的兒童，就是具有說服力的、活生生的證據。根據這位心理分析家的說法，這些兒童在某種程度上可說是「成為自我」的科學實驗品。當我們將一個小女孩從印度帶到阿姆斯特丹，她就具有荷蘭人的身分。假使有朝一日長大成人的她想要進行尋根之旅，這泰半會令她感到失望，因為她在印度幾乎找不到自己認識或熟知的東西。

韋爾海格表示：「或許到了印度，這個女孩會比任何從阿姆斯特丹來的人，對印度更感陌生。」他由此得出結論：「相較於『存在』，身分其實與『成為』具有更密切的關聯性，而這種『成為』則早在我們出生時就已開始。」

時至今日，誠如心理學家暨行為治療師伊娃・賈格吉所言，「自我」的概念更常處於變化中。由於現今這個時代的強烈機動性，人們比前幾個世代更頻繁處於劇烈變化的影響中。「與從前相較，如今我們會去更多的地方，結識更多的人，也會面臨更強烈的社會局勢動盪。」

在所有會影響個性的因素中，童年所扮演的角色並不像長久以來人們所以為的那樣重要。

自從佛洛伊德提出童年經驗至關重要，將影響人的一生的看法，人們就堅信，我們是自己在人生最初幾年裡所經歷的快樂與痛苦的產物。像是史蒂芬妮·史塔爾（Stefanie Stahl）所著的《童年的傷，情緒都知道》之類的暢銷書，都在在證明童年的記憶並不單純只屬於過去的經驗，而會影響人的一生。為了擁有幸福自由的人生，即使在長大成人後，我們仍需面對並克服童年時懸而未解的種種難題。

童年悲慘，一生都慘？

童年經歷的確會對我們的性格產生潛移默化的影響。一個孩子如何成長、獲得多少關愛和幫助、周圍的環境給予多少溫暖，這些都會對他的幸福感產生重要的作用。然而近代的研究也顯示，童年對我們的影響往往被過分誇大。

如果我們不喜歡成年後的自己，對自己具有負面看法，的確可能是源於童年時期造成的陰影。然而近期所發生的事情，也會影響我們形成這樣的自我評價。人格心理學家茱莉•史派西特就指出：「對於一個五十歲的人來說，過去兩年發生的事情對於性格的影響，可以比以往幾十年都更關鍵。」她的意思並非指童年的體驗對我們毫無影響。事實上，一個人的創傷經歷，尤其是童年的逆境與傷痛，這類的失落經驗可能會深藏內心，終其一生都有重大的影響，像是在與人互動相處時，會始終心懷恐懼、壓力或害怕被拒絕。

然而，當下或近期所發生的事情，對一個人造成的影響更為強烈。我們在人生中覺得特別負面的經歷，主要是發生在最近的過去，而非溯及童年。相反地，特別正面而愉快的經歷則常出現在年輕的人生階段。

二十至三十歲的記憶最快樂

心理學家大衛•魯賓（David Rubin）與朵特•伯恩森（Dorthe Berntsen）的實驗就證實了此事。他們詢問年齡介於二十至九十三歲的近一千兩百位受訪者，他們認為人生中最悲傷、最低潮、最重要與最快樂等不同的時刻，分別是在哪個年紀。大多數受訪者都表示他們覺得最快樂與最重要的時刻，是在二十到三十歲之間。而他們印象中最悲傷與最低潮的時刻，則不僅限於某幾個特定的時期。受訪者們（無論他們現在是三十歲還是九十歲）也都表示，在過去的十年裡，他們都經歷了這輩子最糟的時刻。

顯然我們會記得的美好歲月，都是介於二十到三十歲的階段，這是所謂的「記憶突點」。以平均壽命來看，這段時間占比還不到百分之十五，但所發生的事卻會讓人有特別深刻與生動的回憶。

對於這個現象，有一種解釋是：這段時期的記憶往往跟我們生命中重大的事件有關，也有許多個第一次，像是子女的出生或自己的婚禮，所以格外令人難忘。

另一種原因是，我們的「自我」和「記憶」之間的關係是雙向的，我們會藉由記憶來刻畫並形塑自我，自我也可以控制如何去讀取記憶。在年輕的自我形塑期，也就是「你」變成「你自己」的時候，這段時期的回憶對我們來說非常重要，因此與我們的連結也會特別深。

少提傷心事，人生比較好過

記憶研究中有所謂的「時近效應」（recency effect），這種心理學現象是指人們對於最後見到的事物有更深刻的印象，這能用以解釋近期的負面記憶為何讓人印象深刻。

不過，對於近期的負面事件的另一個重要解釋卻是：悲傷的片刻會較快被遺忘，因為難過的事讓人很難說出口。除非那些事件嚴重到改變了他們的人生，或嚴重到會迫使他們自己一再回想，否則當事人很少會去談論那些事情。人們通常只會將令他們沮喪的事情告訴幾位知己，反之，卻喜歡說快樂的事與人分享。這當中當然也存在著主動的克制，只不過，如今這在心理學上已不再像佛洛伊德所說的那麼負面。畢竟，如果一個人沒有那麼在意負面的事情，他的人生也會比較好過。

認知療法的創始人心理學家貝克（A.T. Beck）也發現，憂鬱症病人每說一次過去發生的傷心事，內心的傷口就被拉開一次，病情嚴重的甚至會自殺。所以，過去的傷心事少提為妙，把注意力放到現在，人生會比較好過。

基因比教養更具影響力

不單只有童年，就連「教養」在一個人的性格上所扮演的角色，也不像長久以來人們所以為的那麼重要。

年輕的父母常常會擔心自己做錯了什麼而對孩子造成不當的影響，不過如果他們去看看一些最新的研究，就會發現大可無須擔心過於嚴格會阻礙孩子的成長，又或太過寬鬆會剝奪子女的發展機會，因為教育方式對於孩子成長的影響出乎意料地小。

只要父母沒有犯下嚴重錯誤並對孩子造成創傷，父母的管教方式其實不是那麼重要。誠然，孩子的個性會取決於父母對待他們的方式，但這只是一小部分，畢竟孩子的人際關係不僅限於與父母。他們會結交朋友（而且與朋友的關係往往比跟家人更緊密），日後則會與伴侶、同事及其他許多人有更多的交流，由於人類的思維是如此具有可塑性，所以他們也會在這些過程中不斷形成新觀點、發展新的處世方式，也會在爭執和衝突中做出改變。

育兒沒有標準答案，只有文化上的差異

教育工作者與發展心理學家如今甚至質疑，父母的教育方式究竟會產生多大的影響。哈佛大學教育與人類發展系教授羅伯特・萊文（Robert LeVine），與曾任哈佛大學教育學院研究員的妻子莎拉・萊文（Sarah LeVine），用了長達四十七

年的時間，研究和觀察全世界不同地域的育兒方式，寫成《父母重要嗎？》（*Do Parents Matter?*）這本書。

在書中，他們提到西非的豪薩人（Hausa），那裡的母親會避免與嬰兒目光接觸，藉以讓他們能更堅強地面對人生。在肯亞，父母不會與孩子說話，因為他們認為這樣會分散親子間對身體接觸的注意力，而身體的接觸對於孩子的成長更為重要。莎拉・萊文指出：「無論父母怎麼做，孩子日後都不會太糟。」

他們的結論是：被德國父母視為不負責任或冷酷無情的事情，在不同文化國度的父母看來卻是必要且有益的。德國的父母會盡早訓練孩子獨立分房睡，藉此讓孩子養成獨立的個性；但喀麥隆的恩索人（Nso）卻覺得這麼做很殘酷，幾乎無法置信。對此，萊文夫婦指出：父母當然會影響孩子的成長，但並不會到如他們期待或擔憂的程度。

也有越來越多的專家贊同這個觀點。例如犯罪學家布萊恩・鮑特韋爾（Brian Boutwell）就是其中之一。從「為何有些人會成為罪犯，有些人卻不會」這個問題出發，多年來他一直在研究個性的發展，他認為可以確定的是：「教養對於成長的影響，顯然不如我們所以為的那麼強。」

只是父母的教育方式究竟有多大的影響力呢？這是一個很難解答的問題。因為儘管父母在很大的程度上形塑了年幼子女的生長環境，但孩子的性格也有一半是來自父母的遺傳。基本上，教育方式與「基因」只能分別進行研究，如果真想知道這兩個因素何者的作用較強，就得研究彼此分開長大的同卵雙胞胎，因為他們雖然具有相同的基因，但卻享有不同的環境與教育。

一起長大的同卵雙胞胎儘管共享許多基因，成長環境與教育方式也大致相同，但未來的發展卻可能有極大的差異，就如本書開頭提到的保羅與楊・霍爾斯特兩兄弟的例子。此外，心理學裡有個「非共享環境」的概念，是指兩個孩子雖然在類似的環境中成長，但他們仍然有著不一樣的經歷，例如一對雙胞胎姐妹上學後，她們可能被分到不同的班級，於是會交到不同的朋友，遇到不同的老師，這些屬於每個孩子的獨特經歷，對於性格塑造就產生了不可忽視的作用。這種非共享環境，也會使同卵雙胞胎變得彼此不同。

從另一方面來看，同住一起的被收養兒童，他們的行為上會有某些相似之處，儘管他們的性格有些已經定型，具有自己的個性。這一切皆證明：基因跟外在環境對孩子都具有一定的影響，但父母的教育方式卻幾乎沒有決定性的作用。

無論如何，父母只能在有限的範圍裡形塑孩子的成長環境。畢竟每個孩子都會在自己的家庭外擁有屬於自己的另一個世界，在那裡，老師、好友與個人化的興趣都會扮演著某種角色。在這當中，兄弟姐妹也都會尋找自己專屬的利基。如果某個子女是可靠且樂於助人的，另一個或許就會採取相反的策略；倘若某個孩子比較擅長搞笑，另一個可能就會發揮運動員的天賦，第三個則可能會當個乖寶寶。

另外，年紀較小的孩子會模仿年長的兄弟姐妹，但他們也會試圖在家庭、學校與這世上，建立一個屬於他們自己的特殊位置。

爸媽能做的，就是讓孩子健康成長

遭到毆打（是毆打，而非虐待）的孩子，在日後的人生中往往都會遇到許多問題，其中包括了行為問題或心理障礙等等，他們成為罪犯的可能性也會增加，誠如鮑特韋爾所證實的那樣。

暴力會引發暴力，這樣的推論很符合邏輯。然而，鮑特韋爾更進一步探究：日後發生犯罪行為的原因究竟是什麼？畢竟，孩子除了受到（不反對使用暴力的）父母的毆打之外，也受到他們基因的影響。

借助複雜的統計分析，研究人員發現，童年時的受暴生活與成年時的犯罪行為，這兩者看起來是因果的事情，在很大的程度上是可以用遺傳效應去加以解釋的。然而，如果不考慮基因的影響，暴力經驗與行為之間就不具有任何關聯，兩者並不會互相影響。這意味著：犯罪行為並非源於童年時的暴力對待；「施暴者的暴力行為」與「所經受的暴力行為」彼此是獨立的，而且可能是基因所造成。

科學家也以類似的方式顛覆人們對於教育力量的信念。一個孩子的行為舉止具有社會性嗎？他有同理心且樂於助人嗎？他是否經常與同學發生糾紛？所有的一切主要都取決於他的基因，至於他的母親是以正面或負面的方式予以回應，或是她是否會無緣無故懲罰孩子，這些影響並不大。

總體來說，教養的力量沒有那麼大，父母除了無可避免地會遺傳給孩子的基因以外，最多只需對孩子的智力或性格擔負一點責任。因此，爸媽們能做的，就是提供愛與信任的正常環境，讓孩子可以依照天性發展，並健康長大。

父母和孩子，都希望對方活成自己期待的樣子

一般皆認為，父母是孩子最初、也是最好的老師，家庭教育對孩子日後發展有重大的影響。為人父母者常無所不用其極，想把孩子塑造成能讓他們感到安心的樣貌，期待孩子會走上他們認為萬無一失的道路。就連教育工作者與心理學家也認為，只要父母秉持溫和而堅定的教養信念，確實能培養孩子擁有大人想要的行為與性格，成為他們理想中的小孩。日後兒女功成名就，是父母教養有方；孩子為非作歹，爸媽便罪無可赦。

但事實上，孩子的個性與行為也會讓父母的教養方式有所修正，並進而給予大人反饋與省思的體悟。

或許，該改變的不是孩子，而是你自己

以色列的行為研究專家羅伊特・亞維農（Reut Avinun）指出：「教養不是單行道。」有些溫柔的父親可能會搖身一變成為嚴厲的一家之主，因為他叛逆又老是闖禍的女兒讓他別無選擇。也有些母親會在經歷多年的親子衝突後終於體認到，無

論她的兒子受到多大的懲罰或批評，都仍執意要打造屬於自己的世界，因此她必須讓步，對管教的方式做出調整。

發展心理學家史蒂芬妮・耀爾許（Stefanie Jaursch）表示：「情況很少如父母所預想的那樣。子女會影響父母的情緒、行為和反應，也會破壞他們的教養計畫。如果父母能夠了解自己也必須有所改變，那會很有幫助。」

沒有一體適用的管教方式

那麼，究竟是父母塑造孩子的力道比較強烈，還是孩子影響父母更為深遠？對此，雙胞胎的家庭教育方式也為我們提供了答案。

羅伊特・亞維農認為，如果父母只根據自己的觀念與原則設定教育方式，那麼可以預期的是，他們將會以幾乎相同（至少會比對待非雙胞胎的子女更一致且近似）的方式，管教同卵的雙胞胎子女。也因此雙胞胎與其他兄弟姐妹之間的教養差異，可以顯示出子女的基因在很大程度上決定了父母的教育方式。

在對將近一萬五千對雙胞胎的研究資料進行評估後，這位以色列心理學家給出一個明確的答案：大約有四分之一的父母的行為（例如，如果孩子天生個性很

「歡」，又或是當孩子感到難過、失望或生氣時，他們會如何對待），會受子女的性格所影響。亞維農表示：「子女在父母教養的過程中，扮演非常重要的角色。沒有兩個孩子是一模一樣的，因此也沒有一體適用的管教方式。」

布萊恩•鮑特韋爾則表達了以下的觀點：「在你的性格中，父母（或你的撫養人）幾乎沒有培養出任何能讓你持續到成年後的特質。」他認為，這項體認對於親子多少都有安慰效果。雖說當子女有良好的發展時，父母或許再也不能攬功自豪；但他們也無須如同多年來專家學者所宣稱，得為子女的情緒與性格負責，因為這些都是無可避免的基因遺傳所造成的。另一方面，長大成人的子女也無須將自己的所有問題都怪罪於原生家庭。親子間可以達成和解。

教養的迷思

讀到這裡，嚴謹的讀者或許會察覺，父母對子女的影響還是獲得了證明。畢竟，如果父母以可怕的方式對待子女，仍會帶給孩子嚴重的創傷。的確如此，有許多科學證據也支持這樣的說法，這些創傷甚至會經由之前提及的表觀遺傳過程而被牢牢地銘刻在基因中，更可能還會傳給下一代。於是，這些幼年受創者的子女，天生就容易緊張、倍感壓力、情緒不穩。

然而，這絕不意味著，父母若以正常的教養方式就能形塑他們的子女。著名的哈佛大學心理學家暨認知科學家史蒂芬・平克（Steven Pinker），曾以一個簡單明瞭的例子來說明這點：如果有人的智慧型手機從七樓掉落到一樓，手機肯定會壞，因為它無法承受這種程度的「暴力」對待。在這種情況下，它的命運是百分百可確定的。然而，那個因一時手滑而從七樓掉落手機的人，卻根本不曾參與那支手機的開發與製造過程。撫養子女的情況也是如此。平克表示：我們有某些行為的確會傷害子女的心靈。父母糟糕的教育方式，確實會破壞某些東西，像是子女的身心健康發展、語言發展、認知能力等等。但也沒有任何證據顯示，父母能藉由教育子女的方式，把他們改造成全然不同的孩子，或是創造、形塑子女的個性。

毫無疑問，一個年輕人的社會化扮演了重要的角色，也影響了他未來的人生旅程，誠如心理學家茱蒂絲・哈里斯（Judith Harris）一再強調的那樣。她早就指出，家庭以外的人際關係對一個人的影響更為重要。布萊恩・鮑特韋爾則表示：「父母並非子女社會化的主要推手，子女的同儕才是決定性的關鍵。」

所有關係的交互作用

社會心理學家布萊恩・拉沃里甚至更進一步地指出，一個人只能藉由自己關係的總和來體驗「自我」，像是：父母對我們有何期望、老師是否相信我們、我們是否與兄弟姊妹相互競爭、是否對伴侶的怪癖感到惱火……等。

他表示：「人際關係是『自我』的結構。沒有這些關係，就沒有『自我』的概念。」也就是說，如果缺乏與人的連結，就不會產生自我。在這當中，我們不只會在建立新的關係時發生改變，在舊的關係發生變化時，我們也會有所改變。因此，當我們與另一個人的紐帶消失時，例如認識的人過世，我們會覺得好像失去了什麼，也會感到很悲傷；我們常會逃避搬遷或從事新工作，因為我們害怕那些帶有宛如「死亡」意涵的變化。研究表明，這種恐懼有部分是害怕「自我」的改變。然而，一個人若是想要成長，就必須接受部分的「自我」離去。

不過，特別親密的關係未必會構成我們自我的最大部分。拉沃里表示：「你就是你所擁有的所有關係的匯聚，不論是親密的、偶然的，或是介於兩者之間的。」一次匆匆的相遇，就足以動搖甚或長期改變我們與某些人長年的關係；例如，有個熟人突然在大街上向我們告白，有個朋友不經意地對別人說了我們的壞話，或是我們的配偶邂逅了外遇對象。

刻板的社會化性別

曾針對種族認同做過許多研究的拉沃里，舉了以下的例子：如果一個人在開車時被員警攔下，還遭到對方不尊重的對待，此人的個性可能會發生重大改變，包括：他看待自己的方式、他孩子看待他的方式、他孩子看待自己的方式，以及他孩子看待員警的方式。在父親的自我概念上發生的改變，也會進而改變他與孩子的互動。從社會角度來看，這樣的事件會以各式各樣的方式引發震盪。最終，孩子會如何看待父母的社會地位，這甚至可能影響他們的大腦對於威脅的反應。

我究竟是什麼人或屬於什麼類型？我如何定義自己？這對孩子而言是難以回答的問題，因為他們通常不會主動把自己歸類到某個大族群裡。即使是最重要的類別，也都是社會強加給他們的。

當一個人的「自我」是由陌生人的假設所創造出來，這些陌生人會將他們歸納至某個性別或種族。例如，當人們告訴一個女孩「妳是個女孩」時，這樣的說法一方面是在描述一項生物學的事實：這個孩子有陰道，沒有陰莖，所以在她的身體細胞裡顯然有兩個X染色體，因此結論就是：她是雌性。

然而，當人們做出這樣的陳述時，同時也是某種社會創造。「妳是個女孩」的歸類方式，傳達了人們對於該性別該具有的權利與義務、期望與約束之既定觀點：女孩應該友善、有禮，應該漂亮、迷人，應該懂得照顧他人、忍氣吞聲，應該喜歡玩洋娃娃，應該有愛心也愛動物，應該走得比大多數的男孩慢，還有，長大後要擔負照顧年邁父母的責任。

當一個團體賦予某人一種社會身分後，這個身分就改變了這個人。一個人可能將自己視為黑人或白人、男人或女人，但這並不意味著，他在社會中也會像他自認為地那樣為人所接受。布萊恩•拉沃里指出：「畢竟，人們只是期望能獲得那樣的身分，至於社會大眾是否認同，則是由團體來決定。」

我們從關於跨性別運動員的討論中，就能清楚地看出這點。例如南非的中距離賽跑選手卡斯特爾•塞曼亞（Caster Semenya）曾表示：「當我上廁所時，我會以女人的方式。我很清楚，我是個女人。」儘管如此，根據國際體育仲裁法庭於二〇一九年五月所做出的裁決，塞曼亞不允許毫不受限地參加國際比賽。身為女性，她的睪固酮濃度高得異常，她必須服用藥物以降低酮濃度。因此至少在國際體育競賽中，有別於塞曼亞自己所認知和表現的身分，唯有當她的雌激素濃度符合某些規定時，她才會被認為是女性。她反對這種做法，但體育仲裁法庭置之不理，她也因此遭到其他的選手鄙視與排斥。

不單只有在性別方面是這樣，瑞秋・多勒扎爾（Rachel Dolezal）的故事也一樣令人揪心。她的父母都是白人，但在她還很小的時候，她就決定要當個黑人女性。長大後，她嫁給黑人；到霍華大學讀書，該校位於美國華盛頓哥倫比亞特區，是一所歷史悠久的非裔美國人大學。此外她還參與黑人民權運動，加入全國有色人種協進會，更在三十七歲時當選為該會華盛頓州分會的主席。

然而，瑞秋的父母之後公開表示：那個皮膚黝黑、一頭黑色捲髮的瑞秋是他們的親生女兒，是道道地地、貨真價實的白人，雖然瑞秋和先生育有四名黑人養子女，但她根本不是黑人。從瑞秋的父母交給媒體女兒年輕時的照片中，可以看到瑞秋朝鏡頭燦爛地笑著，她曾是個留著一頭暗金色頭髮的女孩，有雙藍色的眼睛，皮膚白皙，臉上還長著些許雀斑。

此事在當地媒體披露下引發了軒然大波。瑞秋為自己辯護說：自五歲起，她就覺得自己是個黑人。在她小時候，她總是用棕色蠟筆描繪自己。對她而言，她的黑人身分是「非常真實的」，她覺得自己就是屬於黑人族群，這整件事「絕非表演」。

此事於二〇一五年在美國引發一場關於種族身分的全國性辯論，但這一切已於事無補。全國有色人種協進會將多勒扎爾掃地出門，她不僅失去了報紙專欄作家的工作，也被華盛頓大學革去非洲研究講師的教職。

自我應驗預言，會讓個性設限

有別於塞曼亞與多勒扎爾，絕大多數的人都會接受社會為他們貼上的標籤，他們認為這樣的標籤完全符合自己，又或是缺乏抗爭的精神因而默默接受。無論如何，如果人們能夠適應被賦予的角色，對自己會很有幫助，因為這樣的結果很明確也很安全。一言以蔽之：如果一個人知道自己是什麼人，就會知道自己該做什麼。因此，我們通常會樂於對於他人給予的期望做出回應，因為社會身分為我們提供了某種指引與意義，以及在生活中的可預測性。然而，這個結果卻也同時改變了我們，有時還會造成極大的限制。

有時，這些歸類方式甚至還會確立我們存在的方式。這不單只適用於與性別或種族認同有關的大問題，同樣也適用於與性格有關的小問題。例如，許多父母或長輩會一再對孩子說他害羞或魯莽（「你總是……」），這樣的暗示會成為孩子行為的「自我應驗預言」。因為稚幼的孩子對自我無法做出太具體的期望時，成人的期望往往就會成為孩子自我形塑的標準，在他長大後，也往往會被既往的自我認知而自我設限。

隱性偏見，讓你騙過自己

我們是否決定接受或反對別人對自己的定義，通常不能由自身決定，而是取決於一些外在情況，例如我們是否喜歡想要將期望或標籤加諸於我們的那個人。當我們與有好感的人共事時，會比較願意調整自身的想法以迎合對方的觀點；即使我們並不想這麼做，但也常沒意識到自己的這種行為。拉沃里表示：「彼此有好感的人會互相吸引。」他在涉及下意識對於種族的偏見與歧視實驗中證明了這點。

這個實驗運用心理學家發明的「內隱連結測驗」，用以測試人們於潛意識中對於不同事物的感受或喜好，可能是花或樹木等物件，或是種族、性別、年齡、體形、膚色及國家等。測試方式是：當人們面對電腦螢幕上的刺激時，如果覺得兩個詞彙相配（例如「花朵」與「美麗」），就會很快產生反應，立刻在鍵盤上按下某個鍵；反之，如果覺得兩個詞彙或事物不相配（例如「武器」與「美麗」），就會感到困惑、遲疑，無法迅速執行簡單的按鍵動作。儘管回答某些問題的時間差十分微小，不過借助現代科技，即使僅差之毫秒也能測量出來，而這個結果將會透露我們內心真正的看法。

拉沃里邀請了維吉尼亞大學的九十一名白人學生，進行族群、種族相關辭彙與照片的連結測試。學生們由一位皮膚白皙的女性負責照看。在某些學生受試時，她會穿一件白色的T恤；在另一批學生受試時，她則會穿一件印有反種族主義標語的T恤。在半數的測試中，這位年輕女子會表現得非常友善，她會熱情地問候受試者，感謝他們的參與，還會請他們吃糖果。在另一半的測試中，這位女子則會表現出不悅與不耐煩的態度，甚至還會很不禮貌地將裝有糖果的碟子從受試者面前拿開，告訴他們，其他的負責人會請吃糖，但她自己認為沒這個必要。

在測試中，如果受試者是被穿白T恤的女子照看，就比較不會表現出種族歧視的偏見，但前提是受試者也喜歡這個女子。反之，如果態度不友好的照看者穿著反種族主義的T恤，那麼受試者內心下意識的種族主義就會增強。

正面和負面的外界影響

生活把我們變成了當下的自己，這也意味著，我們所選擇的生活，對於我們會如何自我發展，有著至關重要的影響。

長久以來，學界一直認為，人們是憑藉自己的個性打造由自身決定的環境。然而事實卻是恰恰相反，環境對人的影響遠遠超出迄今已知的範圍。

在我們每日更新自我的過程中，可能會與來自外界的影響發生衝突，也可能欣然接受。不過在這當中，並非所有的事件對我們都具有相同的影響力道。有些事情會導致我們產生驚人的變化，例如格蕾塔的認知（她認識到自己有能力影響他人）所造成的顯著改變，有些事情則只會產生小小的漣漪。有時，我們認為必定會讓自己大澈大悟的事情，幾乎起不了什麼作用；相反地，某些微不足道的小事，反而會引發巨大的變化。

工作比孩子更能改變一個人

下面這件事乍聽之下或許會令人感到訝異：茱莉・史派西特在利用人口抽樣

調查取得一萬四千多人的資料後，發現「工作」遠比「有小孩」更容易讓人變得成熟。她原本想研究在人生的重大事件中，如工作、結婚、生子和退休等重要人生歷程，會對人造成多大的改變，卻意外發現像是「工作對於自我造成的影響，會比嬰兒更大。」諸如此類令人訝異的交互關係。

這或許是因為我們在工作中會面臨明確的角色要求，像是準時、有效率與勤奮可靠等，我們多半也會設法符合這些要求，並將之內化。當我們開始從事自己的第一份工作或步入職場後，會變得較有責任心，情緒也比較穩定。高齡者專家暨發展心理學家烏蘇拉・施陶丁格（Ursula Staudinger）表示：「自從步入社會從事第一份工作開始，他人便希望我們能被託付重任，每天早上能準時上班，對自己所做的承諾能全力以赴。這些言出必行的作為，也能讓自己贏得他人的信任。」

不僅如此，我們也會把在工作中養成的習慣，運用至生活中，像是在家也會整理書桌保持整潔、與朋友有約會盡量守時，誠如茱莉・史派西特所說：「因為我們會意識到，這些都是身而為人必須具備的美德。」往往要到退休之後，我們才會不再那麼認真盡責，因為這時人們的「心理權利」會上升，認為自己應該比別人得到更多，想要好好享受一生所積攢的財富與地位的「享樂效應」也會增長。

相反地，在私領域中，角色的定義則不如在職場中那般明確。以教養而言，父母雖然具有足夠的管教權威，也必須以身作則，但他們在家庭教育裡究竟該如何扮演好自己的角色，又該如何及形塑孩子的價值觀，這些教養責任並不是那麼明確。這種模糊的空間也給年輕的父母很大的自由，他們大可依照自身的個性作為管教的準則。

伴侶的影響力

然而，誠如美國總統川普的例子所顯示，職場的社會化也未必能影響一個人的性格。許多人都曾期望，一旦坐上了美國總統的寶座，這位善變易怒的推特王，能夠「改邪歸正」，當個稍有理智的總統，做事能更深思熟慮，在貿然下決定前，至少先徵詢一下幕僚的意見。然而事與願違，川普的強勢個性，讓他完全無視於自家人民與世人對於「美國總統」這個職位的要求及責任。

那麼，在入主白宮、成為堪稱全世界最有影響力的人之後，川普的另一半梅蘭妮有可能改變她那位狂妄自大的丈夫嗎？的確是有可能的，因為建立一段固定的伴侶關係，對一個人會造成極大的改變，而且那些改變大多是有益的；至少，當伴侶之間是互相扶持，而非暴力相向或在心理上互相摧毀時，情況會是如此。

行為心理學暨社會心理學教授傑普・丹尼森（Jaap Denissen）指出，當一個人展開一段固定的伴侶關係，他的性格會有正面的轉變。而且無論是在二十五歲或是在五十歲建立認真的伴侶關係都一樣。根據耶拿大學差別心理學教授法蘭茲・內耶爾（Franz Neyer）的研究，第一段固定的伴侶關係尤其會令我們變得更成熟，我們會更有責任心，情緒也會更穩定，他表示：「這種轉變通常會持續很長的時間，就算伴侶日後分道揚鑣也是一樣。」

然而另一方面，人們在步入婚姻後也會變得比較不愛社交，不願做新的嘗試，這種情況很合理，畢竟伴侶已經擁有彼此。不過，一旦人們與他們的伴侶分手，他們又會樂於結交新朋友或感受新體驗，再度喜歡社交生活。此外，在伴侶過世後，女性會變得不那麼嚴謹，男性則會變得比較盡責，這種效應在傳統的伴侶關係中尤為明顯。對此，茱莉・史派西特解釋：「因為此時女性只須耗費較少的精力，而男性卻必須承擔更多需要紀律的家務勞動。」

人生會改變我們，因此我們的人生抉擇對我們的個性並非全無影響。舉例來說，一個中學生是該繼續讀大學，還是乾脆放棄學業去當學徒？「進入職場工作的年輕人會更富責任心，而繼續就讀的學生情緒會更臻於成熟。」柏林洪堡德大學的心理學家奧利佛・呂特克（Oliver Lüdtke）這樣認為。

他領導的研究團隊，請二千一百位尚在就讀中學的學生做性格測驗，在之後的六年內，該研究團隊仍數度追蹤其中五百零八位受試者。最後，有二百八十四人完成職業培訓，二百二十四人完成了升學考試。他表示：「根據我們為人生道路制訂路線的方式，我們會面臨各種隨之而來的挑戰，這些也都會影響我們的個性。」這是一種交互作用。

反過來說，個性當然也會影響我們決定選擇怎樣的發展路線。根據呂特克的研究，比起中學畢業就進入社會接受職訓的人，決定升學的那些學生，早在中學時期就已展現出較具「經驗開放性」與「情緒穩定性」的個性。

環境的變化越強烈，性格往往也會有更多發展的可能。無怪乎學生們在出國旅行後，常會表現出嶄新的性格特質。呂納堡大學的差異心理學家亞歷山大・佛洛因德（Alexander Freund），藉由連續觀察二百二十一名學生，研究性格特質會有多大的變化。這些學生有九十三人決定出國當一個學期的交換學生，他們多半也是在性格測驗中比同儕更具「親和性」與「經驗開放性」的人。

在國外期間，他們也進一步強化了以下的特質：他們變得更具親和力、更外向，也更勇敢。此外，他們對於自我效能的期望也提高了，換言之，他們相信自己可以克服困境。這種特質不單對自信心與滿足感很重要，也能充分應對危機和挑戰，對於「韌性」這種心理抵抗力有很大的幫助。此外，從以上的例證可看出，學生在國外接觸的人越多，對於自我效能的期望也會越高。

紐約哥倫比亞大學的亞當・加林斯基（Adam Galinsky）所領導的團隊也得出類似的結論。研究人員發現，世界主義者在心理上較具靈活性，這不單只在正面的意義上。當他們回想從前在國外留學的經驗時，確實能更有創意地解決問題。然而，他們也比較容易投機取巧，像是在解答字母謎題的線上遊戲中作弊，以贏得一台iPad。

從正面影響來看，經常出國的人較能靈活應對環境的挑戰，主要的觸發因素是他們在國外建立了新的人際關係，他們結識了在故鄉不容易遇到的人，至於這些人是本地人還是同鄉，則完全沒有影響，最重要的是，他們認識了陌生人。同樣耐人尋味的是，隨著出國的經驗增多，做出不道德的行為也會增加。年輕人遊歷的國家越多，他們為了自身利益而作弊的可能性就越大；無論他們出身如何。

當然，這也會取決於人們認為自己能否從出國中受益的期望。美國人經常會在事後表示，自己在國外過得並不是那麼好。相反地，德國人則很清楚由於所背負的歷史原罪，讓他們在出國時很可能被指責，所以他們因為先設下心理的保護牆，反而獲得比較正面的經驗，在國外的個性也會變得更隨和、更沉穩，想法更靈活多變。

不過，無論是在日常生活中不如意的人，或是對於出國感到失望的留學生，我們都要知道，那些我們一開始認為是負面的改變，對於「自我」的影響也絕非長久不變，從喪偶者與失婚者的例子可以知道這點。失去人生伴侶固然是重大的人生轉折，克服此一傷痛也是一項艱鉅的任務，然而這個轉捩點最終還是有益於我們的個性。人生中的每個改變都會讓我們更具有靈活性，這也代表某種正面的進步。

失業會讓個性改變，甚至更難找到工作

似乎只有一種命運打擊永遠不具有光明面，那就是失業。

一個人非自願地失業，只會帶來負面的影響，人們不會在當中發現任何優點。除非在事隔多年後，這個人發現自己現在的工作比起之前實在好太多了，而且過得也比之前好。

在過去的幾年裡，專家學者一再指出，失業會對心理造成極大的負擔。當一個人收到解雇通知時，心裡會感到非常受傷，而且這種傷害嚴重到會影響一個人的性格。經濟學家暨心理學家克里斯多夫・博伊斯（Christopher Boyce）認為，再也沒有任何事像失業一樣，會如此強烈又負面地改變一個人的性格。

博伊斯與他的同事從德國社會經濟委員會那裡，獲得六千七百多名德國成年人的資料，這些人曾先後於二〇〇六與二〇〇九年完成兩次性格測驗。其中有二百一十名研究參與者曾在此期間失業一到四年不等的時間，另有二百五十一人曾短期失業，但之後又再度找到工作。

結果顯示，在長期失業（一到四年）後，人們會失去「責任性」、「開放性」與「親和性」，且程度嚴重到他們難以再找新的工作，也無法好好面對他人。他們變得暴躁且充滿敵意，可靠性和謹慎性當然也都下降。

博伊斯指出，失業對於心理的衝擊，或許遠比你我所以為的更為嚴重。此外，由於性格的轉變，可能讓人更難找到新工作，最終陷入負面的惡性循環。

自我，就是我們經驗的總和

我們性格的改變並非總是與扮演新的社會角色有關。就算不靠這些，我們也能自我發展且臻於某種程度的成熟。畢竟隨著年齡增長，我們單憑經驗也能主動學到很多，並變得沉著穩重，在心理學上人們稱此為「自身調節」。

傑普•丹尼森指出：「我們在人生的過程中能學會控制自身的行為，其中學習的關鍵就來自我們的經驗。」一個人如果曾體驗到，自己那些失控的反應只會令人反感，冷靜一點方對自己有益，他就會有動機去控制自己的行為。同樣地，如果人們發現，某些狀況乍看之下似乎會對我們帶來巨大的負面衝擊，可是最終結果並沒有想像中那麼糟，甚至還可能出人意料有好的結局，這樣的認知也會讓我們在日後能保持臨危不亂。

然而，我們也必須承認，某些幸運兒就是很不公平地，天生比較靈巧、懂得變通。人生一路順遂的人，往往較具「經驗開放性」，他們也會因此獲得許多能改變自身的新經驗。史派西特表示：「在那些生活過得比較輕鬆的人身上，多半具有堅強、成熟、冷靜、知足、自信等特質，以及或願意改變的條件。」他們讓正面的事情更容易發生，而好奇心也會鼓勵他們繼續面對各種陌生的挑戰。

相反地，負面的經歷當然也會改變我們的性格，令人變得更加小心謹慎，這也是為何曾有過許多負面經驗的人，多半會較難擺脫負面的行為模式，也較難接受新事物。

強化韌性，不被微壓力擊垮

如今心理學家正密切關注，人們長期經受的微創傷或微壓力源會產生哪些影響。

巨大的創傷、嚴重的傷害或令人震驚的時刻，固然會在人們的心裡留下難以抹滅的傷痛；然而，經常性的言語霸凌、反覆出現的壓力或創傷，也會對性格造成影響。例如，壓力每天都會以微小的形式攻擊我們，這種「微壓力」可能會導致一個人越來越退縮，不願做新的嘗試；又或者原本長袖善舞、樂於助人的人，卻變得緊張、恐懼且不友善。

美因茲大學所屬「德國韌性研究中心」的克勞斯・利布（Klaus Lieb）指出：「即使是最小的壓力事件，也會造成心理負擔。」這位精神病學家，在「韌性的神經生物學」這個特殊研究領域中，針對一千兩百位民眾，進行日常的憤怒與壓力如何造成長期影響的研究。像是：三不五時就會冒出來的電子郵件、訊息或Instagram的新照片，如何妨礙我們的專注力；他人提出的機動性要求，有多干擾我們的休息時間。更多的還有日常生活中擾人的雜事，例如不停碎碎念的伴侶、早上上班時段的塞車、職場裡不斷重複出現的批評聲浪，都會讓人神經緊繃的程度升高。

利布指出：「這些日常的煩惱與挑戰，也就是所謂的生活瑣事，會不斷累積，最終對我們造成顯著的影響。」

然而，我們該如何應對這些微壓力呢？利布建議，不妨先為自己的韌性加點強度，也就是在較無壓力與煩惱的時候，就先為日後生活中可能面臨的困難預做準備。他表示：「就像為了強化心臟、為了老後不要失智，我們平常就該養成運動的習慣、經常動腦思考、吃健康的食物。同樣地，我們也該在順心如意時先培養心理抵抗力，不要等已經陷入困境才臨時抱佛腳。」

其中的第一要務就是建立朋友圈。接著，我們應當刻意去感知日常中的好事或正向事件（即便生活中有許多煩惱與壓力，還是會有好事發生；相對於令人焦慮的微壓力源，我們可以稱之為小確幸），並且學著真正去欣賞它們。

最後，我們還應該練習以具建設性的方式應對負面評價。如果有同事總是批評我們，我們不妨自問，為何會如此？哪些地方他或許是對的，又可能是錯的？我真的需要為他提出的指責負責任嗎？

利布指出：「我們不該只是逆來順受，而要提出質疑，同時也要謹慎分析他人的評斷並自我檢討。」畢竟，如果我們認真看待冒犯我們的人及他所說的話，這會是最大的冒犯。因此，要思考對方攻擊我們的動機，探究對方指控的真實性，還要懂得自我防衛。

適時為自己辯駁，這點非常重要，此舉能夠保護我們的內心與尊嚴。特別是當我們發現一些日常瑣事已經不只是單純的煩惱，而已經開始對我們的行為與思想產生持久的影響時，要懂得自我保護，因為這時我們的個性正處於危險狀態。

在這種情況下，我們應該刻意換個方向思考，有時也要勇敢嘗試新的行動策略，藉以對抗內心不斷上演的小劇場以及對於失望的恐懼。如果產生正面的經歷，舊的傷害就能被覆蓋，長期而言，就會增強心靈肌肉的韌性與能量，再次對人生抱持好奇心。

為何我們總是活成父母的樣子？

然而，遺傳基因會隨著歲月再次發威嗎？我們真的會隨著年齡的增長，變得越來越像自己的父母嗎？「救命啊！我怎麼會變得像我媽一樣。」許多人恐怕都會這麼擔驚受怕著。

薩爾蘭大學的差異心理學暨心理診斷學教授法蘭克・史賓納特（Frank Spinath）表示，事實上，或多或少的確會是這樣。特別是因為在青少年身心發展的階段，會開始與父母漸行漸遠，這樣的結果才格外引人注意。進入青春期的青少年根本不想複製父母的行為，這時在他們生活中其他的人際關係更為重要。他們會模仿朋友和明星，避免所有看起來會跟父母雷同的事情。因此在這段期間，環境對我們的影響，要遠比父母以及遺傳基因產生的影響來得更大。

不過，隨著年齡的增長，最晚到了進入社會工作之後，我們便不再力求擺脫家庭的影響，年輕人也會較願意允許自己擁有與父母某些相似之處。此外，遺傳基因也會較明顯地發揮作用。雖說基因從一開始就存在，不過它們的作用力道卻會在人生的過程中逐漸展開。畢竟，一個人會從事什麼職業、會交什麼樣的朋友、喜歡冒險的大旅行還是輕便的小旅遊，都取決於他的遺傳基因。

我們通常會以這種方式增強早已具備的某些特質；正如那些在學校就讀時或出國留學前就已經是外向型的學生，在出國後他們會變得更外向。也就是說，我們會選擇自己的利基，利基又會反過來影響我們，進而促使遺傳基因更強烈地發揮作用。即使新的環境影響會同時形塑我們的個性，但可以確定的是，隨著年齡的增長，我們確實會變得更像我們的父母。

「自我」不會一成不變，但要找到適合你的

我們以為自己是有獨立意志的個體，但事實是，我們終其一生都會受到他人的影響，無論是行為、性格，還是價值觀，或多或少都是在別人的影響之下建立的，儘管我們並未察覺。

但沒有固定的「自我」顯然是具有好處的，因為如果我們能自我改變，那同時也意味著，只要我們願意朝自己設定的目標前進，我們基本上是自由的。

不自我設限，會活得更加輕鬆，也能擺脫他人對我們的既定印象，諸如「他很膽小」或「我顯然無法解決任何問題」之類的觀感。我們可以拋棄不喜歡或不（再）適合自己的想法。如果「自我」具有靈活性，我們當然就能主動重新形塑它。這不僅有助於我們在困境下走出一條全新的路，更有助於根據我們當下的想法去開創人生。

儘管沒有一成不變的「自我」，然而，仍有適合我們的生活，以及有益於我們的朋友、伴侶、同事與工作，我們必須試著尋找這些人事物究竟何在。

我們的感受會讓身體產生變化。當心靈承受太多的痛苦時，也會讓身體生病。這個現在看來理所當然的常識，在當初身心醫學理論尚未被納入正規醫學領域前，卻長期遭到頑固的外科、骨科與家醫科等眾多科別的醫生排拒及否認。

如今我們知道，心臟病發作，就如同偏頭痛，往往都隱含某種心理因素。至於背痛方面，心靈發出的吶喊往往比椎間盤發出的抗議還大聲。幾乎每位醫生都會同意，心理與身體是相關且密不可分的，必須以身心合一的全人方式對患者進行治療。

不過，如今該是開拓另一個醫學領域的時候了，這是個反過來探索並利用身體療癒心靈的領域。或許我們也可以使用舊的術語「身體心理學」（somatopsychology）來稱呼這個新的專業領域。

謝天謝地，昔時精神科醫師用來使生病的心靈恢復健康的方法，像是穿緊身衣（用來拘束精神病患者）或電療法，如今皆已過時。較為人道的方法，像是運動療法，就具有驚人的力量，也在心理治療與精神病學中被廣為利用，包括讓患者在醫院的花園裡散散步，或是與其他患者一起打打球……等。此外，體操和自律訓練（autogenic Training）也是治療計畫的一部分。無數的研究都表明，運動有助於改善憂鬱症，且常跟抗憂鬱藥物一樣有效。

身體對心靈的影響十分巨大，有時甚至大到會改變一個人的個性。例如，當甲狀腺分泌過多的激素時，會讓人變得煩躁、焦慮和緊張。當大腦中的神經細胞毀損時，像是由阿茲海默症、腦出血、遭逢意外事故打擊或中風等原因所造成，某些患者會變得判若兩人。在這種情況下，那個原本既友善又充滿愛心的親人，會變得固執不講理、色瞇瞇或具有攻擊性。當夏天氣候過於炎熱時，我們則會變得暴躁、易怒，或許在開車時還會不耐煩地對其他的駕駛大聲咆哮。

大腦中的有機變化會影響心理，也會影響大腦激素的分泌（如：血清素、多巴胺、催產素、腦內啡……等）。科學早已將心靈的所在定位於顱蓋下方，人類的情感則位於腦回中，那裡是我們決定要如何行為、如何思考與如何感覺的地方。因此，大腦的變化對於我們個性的影響絕非船過水無痕。

除了大腦之外，身體也有些運作方式與機制，會對一個人的個性產生令人意想不到、翻天覆地的影響。例如，科學家目前正積極研究睡眠行為會如何改變人的性格。另外還有個驚人的新研究領域，則是探討存活於人體體內與體表的微生物所具有的影響力，特別是腸道裡的細菌，顯然會對我們的性格造成影響，像是某些腸道菌種就與憂鬱症存在某種關聯。

有鑑於上述的一切，可以得出一個結論：我們的性格不只易變，而且還是脆弱的。它們除了會在我們的人生過程中不斷變化之外，也可能因單純的有機過程而受損。我們應該照顧好自己的身體，不單只是為了保持健康與工作效能，更是為了保護我們的心靈。

突發事故或重大疾病固然無法避免，然而，我們是否會中風、是否有充足且規律的睡眠、在肚子裡的微生物會在腸道中過上什麼樣的日子，這些狀況至少有部分是取決於我們自己。藉由正確飲食、保持健康與睡眠充足，就能同時守護身體與心靈。

腦創傷後判若兩人

他突然變成了一個粗鄙的傢伙。

不久前，大家都公認他是個友善、個性穩定又可靠的年輕人，聰明睿智的處事方式，也讓他成為團隊中最好的領班。但在意外事故發生後，這個受到腦創傷的二十五歲男生，變得反覆無常、焦躁不安、粗魯無禮且毫無節制，情緒波動劇烈，容易做出有攻擊性的反應，看來他的前途已然無望。菲尼亞斯・蓋奇（**Phineas Gage**）已經不再是大家所認識的那個「蓋奇」了。

美國鐵路工人菲尼亞斯・蓋奇的人生頗富傳奇色彩。在每本神經醫學的教科書裡，幾乎都能見到這個堪稱醫學史上最著名的創傷案例，它比之前的任何案例都更清楚顯示：大腦受創會使人變成截然不同的另一個人。

誠如前幾章所說，「自我」是流動的，如同處於河流中會不斷變化，有時如果必須穿過急流或越過障礙物，也會產生相應的衝擊。人生中的重大決定，像是該當學徒或決定出國留學，顯然對於「自我」會有特別強烈的翻攪。除去這些類型的抉擇之外，當然也會發生極具顛覆力道的意外事件。我們也曾聽聞，有人因遭逢人生的重大危機或打擊，在突然間完全變了個人。前述的蓋奇，就是醫學院學生討論的首批相關案例之一。

在一八四八年九月十三日，正在佛蒙特州修建鐵路的蓋奇，一如往常地將炸藥放進岩石裡，為新鐵軌的鋪設炸出位置。他用沙子覆蓋住炸藥，還用一根鐵棒把它們壓緊。然而，他卻忘了在其中的某個洞裡也需覆上沙子；那些沙子的作用是要用來堵住接合點，在受控的引爆前將火藥隔離開來。就在蓋奇用填料桿撥弄時，炸藥爆炸了。一根重約六公斤，長約一公尺，寬約三公分的鐵條，由下而上地貫穿了蓋奇的顱骨，但這位年輕人居然意識清楚地存活了下來。

然而，在歷經這次事故後，這位原本個性平穩的年輕人，居然變成一個幼稚、衝動、粗鄙又不可靠的人，沒有人想接近他。當時認真治療蓋奇的約翰•哈洛

（John Harlow）醫生記載道，蓋奇有將近「一個半滿的茶杯」那麼多的大腦物質流失了。

雖說有人質疑，蓋奇的性格轉變會就此定型嗎？不過無可爭議的是，大腦受到傷害（除了致命性的鐵條，也可能會因此中風），確實會強烈改變一個人的個性，尤其是當大腦中處理情感，或在感覺移情上扮演要角的那些區域受到損害時。

自從蓋奇的例子被收入教科書以來，神經學家與腦科學家又收集了其他許多驚人的案例，這些例證都顯示，腦部損傷會徹底改變一個人的性格。很顯然地，決定個性的種種更高機制就位於大腦中。

從蓋奇的案例，可以推斷他前額葉皮質遭到了破壞，一個人掌管思考與決策，以及如何妥善控制自己，正是這個位於大腦前方、前額後方的區域所負責的項目。此外，大腦其他區域受創同樣也會引發行為改變，例如額葉，這個大腦兩個半球的前側區域，同時也是前額葉皮質所在的區塊，是負責認知功能和動作控制。另外還有掌管記憶的顳葉、負責主導情緒產生的杏仁核，以及專司處理憤怒、恐懼、喜悅和記憶的海馬迴。

這些區域受傷的人，比較容易性情大變，他們不僅得面對突如其來的情緒波動，也會受記憶障礙所苦，某些患者還會不停抱怨或辱罵他人。他們無法控制自己的衝動，變得具有攻擊性或性侵犯的暴力傾向。

萬一重要的大腦區域嚴重受傷，在極端的情況下，也有可能在旦夕之間變成截然不同的另一個人。例如，許多阿茲海默症患者會隨著日益嚴重的失智而變得具有攻擊性，還會辱罵照護者；中風者的性格也可能大變，醫生常會盡早告知患者及家屬可能會發生的情況。

這些改變往往深刻到連「五大性格特質」也會蒙受影響。數年前，馬里蘭大學醫學院的研究人員曾指出，中風後，在這五個主要的性格面向中，平均會有三個面向發生變化。他們在三十五位患者中風後不久，先詢問過家屬當事人的性格，事隔一年後再次詢問同樣的問題，所得出的結果是：一個人在中風後往往會變得情緒很不穩定，更緊張且更脆弱，也會變得比較內向，做任何事都意興闌珊，也不想與人接觸。此外，有時也會較不自律，缺乏責任感。

積極正面的影響

這些性格的變化感覺上多半是負面的，但也不一定都是如此，愛荷華大學的一項研究就給了人們希望。

以心理學家暨神經科學家瑪西・金（Marcie King）為首的科學家，採訪了九十七名大腦某個區域嚴重受傷的患者的親友；他們的大腦受傷是因中風或移除腫瘤所造成。等到患者從得知患病的最初震驚與事後的治療中逐漸恢復，繼而步上康復之路，也就是等他們的心理狀態已趨穩定後，研究人員才請親友們幫忙填寫冗長的問卷。

雖說，其中有五十四人在這段時間裡確實已經變得不太友善，不過也有二十二名患者在大腦損傷後表現出更好的性格，另有二十一名患者則沒有任何改變。瑪西・金強調：「在經歷與神經系統有關的事件後，雖然會產生負面變化，但同樣也可能會發生正面的變化，而且這些變化多少都與解剖學有關。」因為，無論是令人愉快或令人害怕的性格轉變，主要都是因為傷及額頭後方的區域所造成，也就是負責個性與社會行為的區塊。

以編號三五三四的女患者為例：這位女性是在七十歲時切除腦部的一顆腫瘤，醫生無可避免地傷到了她大腦的某些部分。誠如與她相識五十八載的丈夫所述，這位女病患在手術前是個很嚴肅的人，她愛睡覺，愛發脾氣，而且總是抱怨個不停。

但對於她先生來說，或許沒有比打開他太太的頭蓋骨更棒的事了！在接受腦部手術後，她變得「比較快樂」，笑口常開，他表示：「她也比以往更為外向且健談。」

與中風有關的奇人奇事

有時當事人也會出現根本不知從何而來的莫名感覺，或是產生全新的志趣、喜好。專家學者對此所提出的解釋是，在當事人的大腦中形成了一些新的神經通路，藉以作為繞過受傷區域的替代路徑，正如克里斯多夫・伯奇（Chris Birch）的案例所顯示。

轉性變同志

這位來自威爾斯的年輕人，誠如現今的他所自承，從前並不是個特別討人喜歡的人；他告訴記者，他曾是個「如果我現在遇見他，可能永遠也不會想要和他當朋友」的人。

在二〇〇五年某個有點炎熱的夏夜，他突然心血來潮，想在運動場上來幾個前滾翻。此舉徹底改變了他的人生。當時那個身材壯碩肥胖且脾氣倔強的十九歲年輕人，顯然給自己製造了一場小中風。

但當時伯奇並未意識到自己出了意外。他在做了幾個前滾翻後覺得頭很暈，他的兄弟及朋友還陪著他一起回家。之後他倒頭就睡，一睡就是四天之久。當他醒來時，這位銀行培訓人員的一隻手完全失去知覺，記憶也出現部分空白，而且還有語言障礙。他的醫生表示，這是因為在伯奇不當從事運動時，身上的某條動脈受到壓迫，導致沉積物從血管壁上脫落，那個沉積物在血管中流動了一段距離後，阻塞了大腦裡的一條血管，結果造成腦細胞死亡，因為它們無法再獲得充足的氧氣。以中風的情況來說，這一切皆屬正常。

然而，在伯奇連續昏迷四天總算甦醒後，他卻產生一種難以言喻的感覺。起初，他一如往昔地與好友外出，但他對朋友們所說的話題已然不再感興趣。汽車？酒？有夠無聊！他與朋友不再志同道合，和他們的距離越來越遠。不僅如此，他還發現，自己居然有了新的性取向：他突然對男人產生了興趣。

他整個人都變了。從一張他在中風前接受銀行員培訓期間所拍攝的照片，可以看出他曾是個體重超過一百公斤的壯漢，當時他的頭髮很短，頭上還戴了一頂便帽。如今他非常注意自己的外表，會修剪胸毛，還會去注射肉毒桿菌。他對資產負債表與帳戶管理毫無興趣。現在他改行去當美髮師。

中風後會變成同性戀嗎？這樣的改變是可能的。因為杏仁核不單只是控制諸如恐懼之類的情感，它還控制性偏好。「如果一個人在腦傷後會變得比較容易焦慮或生氣，為何他們就不可能變成同性戀呢？」任職於倫敦國王學院所屬精神病研究所的卡茲・拉赫曼（Qazi Rahman）如此問道。他也曾與伯奇進行過多次對話。

五十一歲的建築工人成為天才畫家

然而，這樣的改變真能以「事情就是自然發生了」的方式解釋嗎？或者，這是疾病對人造成的影響？中風是件非常複雜的事，根據拉赫曼的說法，許多人在那之後會重新評價自己的人生。畢竟，心靈同樣也會在比喻的意義上中風：它住在一個受傷的身體裡，生命也可能因這次中風而結束，而且它還得先克服運動障礙、語言障礙及記憶障礙等造成的後果。

因此，在這種生死攸關的事件影響下，人們往往會找到通往自己過往排斥的需求或嗜好的入口。由於性格的其他面向脫穎而出，與之相關的事情會變得比較重要；又或者，某些才能因此被激發。這可以解釋湯米・麥克休（Tommy McHugh）

的案例。

在二〇〇一年，也就是他五十一歲時，不幸經歷一場嚴重的中風，但在那之後他卻突然發現自己具有繪畫天分。於是，這位資深的建築工人開始從事藝術工作，儘管他過去從未有相關的工作經驗，而且從前他並非心思細膩之人，而是舉止粗魯、脾氣火爆。

科學家追蹤了這個案例，還為湯米．麥克休的驚人轉變撰寫成書。在他因罹癌而於二〇一二年去世前，他曾表示，他的腦出血「送給他一場始料未及、長達十一年的偉大冒險。」

伯奇和麥克休曾在共同求診的神經科醫師候診室裡打過照面。伯奇透露，當時麥克休曾鼓勵他：「別人會說你是騙子，但你拿不出證據反駁，也沒人相信我在腦出血前從未拿過畫筆，所以，你必須相信你自己。」

心靈會重整

在歷經令人震驚的事情後，我們的心靈會重整，因此即使某些患者的疾病與大腦完全無關，他們也會表示自己的個性有所改變。

人體是個能量與訊息的網絡，在身體與心靈之間，這些網絡彼此交錯。各種胜肽與生化物質攜帶著思想與情緒的訊號，感知影響著我們的行為，行為會改變我們的大腦與身體，我們的生命經驗記憶儲存在器官裡，因此器官也有自己的意識。

器官移植，性格也移植

以一位名為朵蒂・歐康納（Dottie O'Connor）的英國女性為例，她表示自從做了肺臟移植以後，她就覺得自己非常熱愛大自然。從前她是個徹徹底底的「城市鄉巴佬」，是自然生活的絕緣體，如今她卻十分享受在森林裡漫步的日常。

另一位曾接受腎臟移植的雪芮兒・約翰遜（Cheryl Johnson）則表示，從前她只看廉價小說，但在換腎後她突然對閱讀各種不同類型的書籍非常感興趣，還迷上了杜思妥耶夫斯基的作品。

接受器官移植者的這類陳述可以說比比皆是。其中有些人甚至認為自己已然變成另一個人，因為隨著器官的移植，捐贈者的某些性格也轉移到了他們身上。一位奧地利的醫生在一項研究中得出結論，表示這種個性改變的發展，主要取決於受贈者對「器官捐贈」這件事所抱持的態度。

維也納大學附設醫院的醫生詢問了四十七位曾接受心臟移植手術的患者，他們在手術前後的個性有哪些變化。百分之七十九的受訪者表示，在接受移植手術後的兩年間，自己的性格完全沒有改變。但醫生們發現，這些人似乎不太樂意探究這個問題。他們會反駁或否認與此有關的任何事情，不然就是試圖盡快改變話題，甚至還會取笑這個問題。

反之，有百分之十五的患者認為，自己的性格的確發生了改變，只不過他們認為原因並不在於他們所接受的器官，而是因為他們罹患了會致命的疾病，而他們也才剛剛逃離了鬼門關。

另外還有三位患者（百分之六）表示，自己的性格發生了巨大的改變，而且原因正是他們的新心臟。在胸腔裡的外來器官，迫使他們改變自己的感受與反應，也就是說，他們不得不接受與器官捐贈者相同的感受。這些人往往都是在器官移植前就充滿極大的恐懼和懷疑。

是以，在我們人生中發生的變化，是否也會改變我們的性格，取決於我們的態度。此外，器官受贈者在接受器官移植後，是否認為新器官會賦予他們新的個性，器官的種類則具有某種程度決定性的因素。

接受心臟移植的患者特別常表示，自己在接受移植後個性發生了變化。畢竟，這個器官常被認為是「愛」的所在，因此它也充滿大量的情感。類似的情況也存在於目前仍屬罕見的臉部移植。「變臉」總會讓人聯想到一些恐怖的情境，因為臉部以非常特殊的方式，代表一個人的個性或特質，因此至今世界各地的海關與一般警察機構，都還是要仰仗它的獨特性。

細胞殘存記憶

此外，與器官捐贈者有關的個人資訊，也會放大捐贈者對於受贈者的假定力量。

在那些允許知悉捐贈者部分個資的國家，器官受贈者往往會覺得死者仍繼續活在他們身上或影響著他們。至於在德國，捐贈者的身分及其死亡的方式則都被嚴格保密，而且捐贈者與受贈者的家庭之間也沒有任何聯繫。

開放器官捐贈者的資訊，後果可能會相當嚴重。有不少國外的醫生講述，他們的患者在接受移植後惡夢連連的事。從被謀殺者那裡獲得心臟的一位夏威夷年輕人，就是其中一例。器官捐贈者是死於有人朝他臉上開槍，獲得死者心臟的那個年輕人，夜裡經常會夢到在雙眼的正前方出現威脅自己生命的閃光。

所有這些令人印象深刻的故事，都顯現出身體與心靈緊密相關，彼此交互影響，因此我們的心理健康與身體健康，都對我們是什麼樣的人有著重大的影響。

腸道、飲食與情緒

許多人都知道，巧克力能夠撫慰心靈，這不可能是因為棕色小方塊裡含有微量的快樂荷爾蒙血清素，因為那得吃上好幾公斤才有用。然而，糖、脂肪與童年時的味道，在我們舔咬巧克力時，無疑會發出信號昭告內心：它可以有更暢快的感覺！奶泡上有愛心拉花圖案的卡布奇諾咖啡，也能使命必達地提升人們的幸福感。同樣地，無論搭配何種醬汁的麵條也能扮演幸福製造者，更遑論再搭配與人共餐時的愉快交談。

然而，進食對我們的心理狀態卻還有其他驚人的影響。我們所吃的東西，誠如越來越多的研究所證明，不僅會直接且徹底改變我們的身體，更會改變我們的心理。但由於擔心會被說是妖言惑眾，直到不久前，都還沒有精神病學家敢談論這個觀點。

聰明的腸道

腸道是種聰明的器官，又被稱為「第二大腦」，就某些層面而言，它甚至可以與大腦分庭抗禮。在我們的腸子裡也彷彿有第二個心靈，或者可說是個心靈分部，它能以極驚人的方式控制與調節在大腦中所產生的感覺。

慕尼黑大學附屬精神病醫院院長彼得・法爾凱（**Peter Falkai**）表示：「在過去十年裡，人們日益明白，腸道對於心理健康有多大的貢獻，因此我們必須以完全不同的方式，去思考我們稱之為『心靈』的東西。」而且，我們可以改變這種心靈，甚至可以讓它生病或康復，這完全取決於我們如何餵養它。在這樣的過程中，我們也會改變自己的個性。

解密神奇的腸道菌

腸道就像大型庇護所，是由上億個神經細胞所組成的神經網絡，這個網絡將身體的中段與大腦連結起來。它也是個集體智能的大家庭，這個集體智能是由生活在腸道裡的無數細菌所組成。腸道的表面積有三十二平方公尺，是人體最大的器官（皮膚只有約兩平方公尺），能提供與周遭環境有更多接觸的機會。

每個人在腸道裡的細菌有成千上萬種，數量更高達上百兆個，遠比人體的細胞還多。究竟有哪些細菌，則因人而異，每個人在細菌形式上的個性，具有高度的個別性。有些專家認為，或許有朝一日，我們可以像透過指紋那樣，經由腸道的細菌精準辨識一個人。

人出生之後，皮膚、鼻子、腸道就會開始沾上微生物，尤其腸道是人體微生物群落的最大寄居地，並與人共享這個肉體一輩子。芝加哥大學微生物體研究中心的傑克・吉伯特（**Jack Gilbert**）主要就是在研究人們所留下的微生物痕跡（例如：在進入新的空間後），他表示：「我們可以相當準確地調查出，某人是否曾待在某個空間裡，或是已經離開多久。」幾個小時的駐足，就足以讓身上的微生物留在現場。或許日後憑藉此種方式，會讓犯罪者即使戴著手套，小心翼翼地不留下指紋，但仍因留有微生物的痕跡，而使罪犯無所遁形。

某些抗生素會導致精神病症狀

至於哪些微生物會在人身上長期存活，則取決於個人所攝取的食物：是吃全麥麵包還是精製白麵包，吃蔬菜還是肉類，喝咖啡是否加糖，這一切都會影響每個人腸道內不同的細菌組合，也就是「微生物群系」。

此外，抗生素治療會破壞腸道內的微生物群；許多富含細菌的優酪乳或酸菜可讓細菌群重生，但它們可能會與先前的有所不同。而微生物群的類型對一個人的健康也有巨大的影響。腸道中的所有微生物能共同決定一個人的身體是否會因為消化不良或細菌侵襲心臟而生病；另一方面，由於它們與大腦直接有關，所以對於心理的健康也很重要。

不單只有諸如恐懼、激動或戀愛煩惱之類的情緒問題會影響腸、胃或膀胱；反之，生病的腸道也會引發情緒問題。很久以前人們就已觀察到，許多罹患腸胃疾病的患者，同樣也會為心理問題所苦。像是每兩位腸躁症的患者，就有一位同時也患有憂鬱症或焦慮症。此外，自閉症患者往往也會有腸道不適的困擾。

腸道問題當然可能只是心理問題所造成的結果，特別是患有自閉症的兒童，更需要經常使用抗生素。微生物學家羅伯・奈特（Rob Knight）指出：「因果關係是這些研究中的一大問題。我們很難斷定發生變化的腸道菌群，究竟是疾病的因還是果。」

丹麥的科學家也發現類似的情況，兒童與青少年在接受抗生素治療後會有很高的機率發生某種精神疾病。奧胡斯大學附設醫院以奧萊・柯勒—福斯伯格（Ole Köhler-Forsberg）為首的研究團隊表示，在發生需要住院治療的感染後，罹患精神疾病的可能性增加了百分之八十以上。

他們從丹麥國家患者註冊中心獲得所有丹麥居民出生後的健康資料，評估了近一百一十萬人，發現其中約有五萬七千人接受過服用精神藥物的治療。那些由於嚴重感染得住院接受抗生素治療的人，在接下來的三個月內發生精神疾病的比例，是未接受抗生素治療者的一・八四倍。這些精神疾病包括焦慮症、強迫症、行為障礙與思覺失調症。在因為感染而投以消滅細菌的抗生素時，這樣的關聯性最強；至於對抗病毒或真菌的藥物，則沒有這種相關性。此外，罹患精神疾病的風險，也會隨著服用抗生素種類的增加而提高。

奧萊・柯勒—福斯伯格強調，這只是目前所觀察到的現象，尚無法證明精神疾病是由於抗生素改變腸道菌群所致，不過這倒是個可以再深入進行研究的線索。

健康食物能趕走壞心情

顯然大腦與腸道之間的交互作用並非單行道。可是腸道的影響有多廣呢？優格能治癒憂鬱症嗎？自閉症患者是否只需多吃酸菜就會比較容易與人溝通呢？香蕉能抗焦慮嗎？

在電影《麥胖報告》中，以有趣又令人印象深刻的方式，揭示了壞食物會如何影響人們的情緒。瑞典科學家佛里德里克・尼斯特隆（Fredrik Nyström）對這個議題很感興趣，他決定親自實驗看看。

在史柏路克連續一個月只吃垃圾食物後，不但肝指數出了問題，體重增加十一公斤，心情也變得很糟。他表示，速食令他「喜怒無常、脾氣暴躁又鬱鬱寡歡」。接下來，他又請十八位學生進一步做了測試，在一個月內，這群年輕人必須盡量少運動且多吃速食，他們所攝取的熱量幾乎是平時攝取的兩倍。於是，他們不僅體重增加了百分之五到百分之十五不等，血液檢查數值也十分駭人，他們感到既疲倦又腫脹，而且吃得越多情緒就越低落。

如果速食不僅會使情緒低落（因為它們會令人良心不安，還會讓人發胖），而是確實會透過腸道影響人的心靈，那麼反過來說，好的食物是不是能提振情緒呢？加州大學洛杉磯分校的神經生物學家艾默倫・麥爾（Emeran Mayer）與同事柯爾斯頓・提利許（Kirsten Tillisch）共同設計了一個對照實驗。他們讓十二名健康的女性，連續一個月每天服用兩次含特殊益生菌的優格飲料，也就是內含活性微生物的飲料；另有十一名女性只喝牛奶；還有另外十三名女性則能隨心所欲地飲食。

實驗結果顯示，在短短四週內，優格居然改變了受試者的個性。每天服用兩次益生菌的受試者在情緒上顯然更為輕鬆愉快。當她們躺在核磁共振成像掃描儀裡觀看恐懼或憤怒的臉孔圖像時，大腦活動樣態顯示出她們的反應較不強烈。

誠然，這只是眾多實驗中的兩個，且規模都很小。但近年來已有無數的研究表明，細菌的確可以發揮更大的作用，有些類型可以緩解憂鬱症，有些則能緩解嚴重的慢性疲勞症候群。營養精神醫學（nutritional psychiatry）這個研究領域正日新月異，不斷獲得新資訊。

腸道菌與精神疾病的關聯性

預防醫學專家暨心臟病學家阿穆德納・桑琪絲—薇樂嘉絲（**Almuenda Sánchez-Villegas**）認為，在令人沮喪的速食方面，壞食物的飽和脂肪酸可能會影響情緒。她研究了一萬兩千多人的飲食習慣與健康狀況，其中有六百七十五名罹患了憂鬱症。在那些飲食不良的人當中，憂鬱的風險多出將近一半。

或者，他們其實是因為具有容易憂鬱的傾向而飲食不良？針對這個問題，科學家設計了進一步的實驗深入研究。腹部與頭部之間的聯繫是交互相關的，特別是動物實驗，清楚地證實了這一點。動物實驗的結果往往都會比較明確，因為人們可以逼迫受試動物只吃某些東西，或是因為人們可以簡單地藉由糞便移植，在牠們之間交換微生物。

透過這樣的方式，普雷姆希爾・博希克（Premsyl Bercik）確實改變了老鼠的行為，他把喜歡躲起來的膽小老鼠變成了勇敢的老鼠。當那些膽小的老鼠獲得了大膽老鼠的腸道細菌後，就變得充滿好奇心，樂於探索未知的地方，還敢從黑暗走向亮處。博希克表示：「微生物顯然左右了它們宿主的行為，而且程度相當明顯。」

在日本，科學家可以借助細菌讓深感壓力的嚙齒動物平靜下來。以須藤信之（Nobuyuki Sudo）為首的一個日本研究團隊發現，腸道中缺乏微生物的老鼠，不僅會激動地在籠子裡跑來跑去，而且牠們所產生的壓力荷爾蒙皮質醇是一般老鼠的兩倍。在這些老鼠服用益生菌後，反應就變得比較平靜。

科克大學的提摩西・迪南（Timothy Dinan）同樣也借助腸道細菌治療他的老鼠。他發現，缺乏某種天然腸道菌群的老鼠往往欠缺社交能力，牠們會非常強烈地逃避其他的老鼠，寧可退開，也不願躲到另一隻老鼠所待的籠子裡。對於老鼠這種富有社會性與好奇心的生物而言，群聚是正常的行為，顯然那些缺乏腸道微生物的老鼠非常害怕新事物，也不太具有社交驅力。不過，牠們的焦慮症倒是可以藉由從習於社交的老鼠那裡獲得腸道細菌來治療，那些神經質的小動物很快就會變得像普通老鼠一樣具有社會性。

迪南認為，人類身上可能也有類似的機制。在最初的一些研究中，他曾將罹患大腸激躁症或焦慮症患者的糞便細菌移植到老鼠的腸道裡。尚未發表的研究數據顯示，相較於從健康的人那裡獲得腸道細菌的老鼠，從患者處獲得腸道細菌的老鼠在那之後顯得更為膽怯。迪南夢想著，未來或許能為心靈開發出專屬的細菌雞尾酒藥物，用益生菌來取代精神病藥物。

老鼠被用在自閉症研究上也有很長一段時間了，目前已有不少相當具有前景的實驗。在蕭夷年（Elaine Hsiao）與薩克斯•馬茲曼尼恩（Sarkis Mazmanian）的實驗中，首度治療了患有自閉症的老鼠。那些小動物很膽怯，彼此之間少有交流，牠們還會如同動物園裡的某些老虎，做出一些刻板的動作。然而，如果將脆弱類桿菌的菌株移植到那些小老鼠身上，牠們的行為很快就會不再那麼奇怪。

事實上，已有一些初步的跡象顯示，類似的方法同樣也能在某些自閉症兒童的身上起作用。理查・桑德勒（Richard Sandler）與席尼・芬戈德（Sydney Finegold）這兩位醫學家，曾利用只會破壞某些腸道菌群的抗生素，治療較晚才發現罹患自閉症的兒童。在那之後，那些孩子的異常行為就顯著減少，也能更好地表達自己。

大腦也會聽腸道的話

可是，細菌如何能夠影響大腦呢？又存在著哪些可能的機制？畢竟，大腦是人體中特別受保護的地方。想要進入那裡，就像想進入柏林的伯格海恩夜總會（Berghain）一樣困難，唯有外表與舉止符合要求的人，才能通過守衛森嚴的門口保鏢；至於大腦，那裡的保鏢則是由彼此緊密相依的細胞所組成。

為了保護這個生命的控制中心免受可怕的影響、感染與發炎所危害，自然界發明了稱為「血腦屏障」（又譯「腦血管障壁」）的強效防禦系統，它可以確保人體中的細菌或毒素不會滲透到大腦中；至於營養物質，則可以透過一種複雜的系統進入。

儘管如此，仍有少數的病原體會進入大腦，例如狂犬病病毒，這時它們甚至會改變人的行為，導致患者具有攻擊性，還會讓患者變得躁動不安和怕水。

百分之九十的血清素由腸道製造

不過來自腸道的微生物則不必進入大腦就能發揮作用，它們可以借助其代謝產物改變血腦屏障。而且，如果沒有腸道裡的微生物，就不需有個起作用的門衛系統。

以瑞典學者斯文・彼得森（**Sven Petterson**）為首的一個國際科研團隊，至少已在老鼠身上證明了這點。那些在無菌環境中由無菌母體動物所生下的小老鼠，並不具備能起作用的血腦屏障。但如果那些小老鼠在出生後體內被注入細菌，牠們大腦裡的這個門衛系統就會關上，因為微生物的某些代謝產物會藉由增強細胞之間的連結來鞏固屏障。彼得森擔心，抗生素治療可能會至少暫時改變有效屏障的滲透性。

研究顯示，腸道細菌還能干預神經細胞之間的溝通，改變細胞相互交流所需信使物質的濃度。大腸內的細胞甚至可以產生被認為是「快樂信使」的滿足荷爾蒙——血清素。當微生物產生某些分解產物時，它們會刺激腸壁提高血清素的分泌，這會使一個人更容易感到幸福與知足。這時他的大腦會釋放這樣的訊息：「你可以放鬆身心，一切都很好！」

許多抗憂鬱藥物都是透過血清素這種激素發揮作用，這些藥物會藉由抑制血清素被吸收，促使更多的血清素被使用。人類僅有百分之十的血清素是在大腦中產生，其餘的百分之九十則是來自腸道，這能說明腸道在這方面有多麼強大。

腸道好，心情也會好

另有一些神經活性物質也會在腸道裡產生。以比利時學者傑倫・瑞斯（Jeroen Raes）為首的研究團隊，曾對此進行研究。他們針對一千零五十四位比利時人的腸道菌群進行了完整的分析，也參酌這些人的憂鬱症醫療診斷報告。發現在憂鬱症患者身上特別常見一些特殊的菌群，而且這些菌群會釋放能影響心理健康的代謝產物。

結果表明，糞桿菌、小類桿菌和糞球菌這幾類細菌與較高的生活品質有關。那些在腸道中含有大量這些微生物的人，往往都能免於憂鬱症之苦。研究人員對此也提出了解釋：許多這些微生物都具有能夠生產神經活性物質的基因；其中包括了有γ-胺基丁酸與多巴胺的分解產物。

腸道是人體最大的免疫器官，我們體內有三分之二的免疫細胞是在腸道裡值勤，許多感受也都是透過免疫系統的細胞與它們的溝通分子來傳達。早自很久以前人們就已知道，微生物及其分解產物會激活免疫細胞，當感染侵襲身體，發炎指數就會上升，而它們同時也可能造成憂鬱、焦慮或慢性疲勞等症狀。根據其組成，微生物可能會產生數千種不同的生物活性物質。

「肚子的感覺」就是「直覺」

腸與大腦之間顯然有以突觸形式存在著的直接連結，因此，這兩種器官並非如人們長久以來所認為的那樣，僅僅依賴分子作為信使進行交流。杜克大學的科學家迪亞哥・博霍克茲（Diego Bohórquez）不久前也在老鼠身上證實了這點。

他指出：「腸與大腦不單只是透過激素交流，它們之間還有可以讓資訊更快傳輸、直接的神經連結。」據此，腸壁裡的特殊細胞表現得就宛如感官細胞，它們會透過聯合的突觸直接刺激迷走神經，藉此在幾毫秒內通知大腦，例如關於腸子裡糖含量的資訊。因此他認為「肚子的感覺」（Bauchgefühl，德文，意為「直覺」）是一種第六感的說法，完全是合理的。

你吃的食物，決定你是什麼樣的人

誠然，有許多的實驗，例如前述關於腸道與大腦之間聯合突觸的研究，迄今都只提供了動物方面的研究成果，或是僅針對少數受試對象進行研究，而且優格等食品業者介入其中的情況也不在少數，因此在解讀相關數據資料時的確須謹慎以對。

儘管如此，仍有越來越多的專家得出這樣的結論：你吃的食物決定你是誰，而且飲食可以改變心靈。

吃出好心情

長久以來，歐洲執委會也相信這方面的重要性，它已在「My New Gut」（「我的全新腸道」）這項計畫中，投資了一千三百萬歐元，藉以研究微生物如何影響大腦。自二〇一四年起，美國的國家心理衛生研究所，也針對七項與「腸腦軸」有關的前導研究，分別資助了最高達到百萬美元不等的經費，預期很快就會有結果。

長久以來，都有不少類似的研究計畫，像是「American Gut」、「uBiome」和「myMicrobes」等，這些計畫都有大量的自願者寄送糞便樣本和填寫問卷。研究人員希望能夠從生理方面的數據，以及受試對象的生活習慣、疾病和用藥習慣等資訊中，獲得更多與腸道微生物功能有關的知識。

是否可能有朝一日，藉由服用在藥房販售的營養補充品或益生菌，人們不單可以改善消化功能，還能多點樂觀，變得更勇敢、更快樂？彼得・法爾凱表示：「目前我們仍處於起步階段，不過，相關的研究成果在過去幾年內迅速增加，而且它們的驚人程度也一如我所預期。」

藥理學家彼得・霍爾澤（Peter Holzer）也表示：「微生物是聯繫營養與心理健康的重要紐帶。」他主張，人類不該只因體重的緣故而注意飲食，食物對於心靈層面也有極其重要的影響。相較於經常自己下廚且常吃蔬菜水果的人，那些以精緻加工食品（例如冷凍披薩或現成的千層麵）為主食的人，他們腸道內的微生物菌種總是比較少。藉由改變飲食習慣，人們也可以立即改變很多事情。

發酵食物能讓人擺脫憂鬱

伊娃・塞爾胡布（Eva Selhub）博士曾有十多年的時間，在哈佛醫學院教導患者如何利用飲食過更健康的生活，她表示：「你的大腦就像一輛昂貴的汽車，只有在添滿優質汽油時才能有最佳發揮。」日常飲食會透過直接影響大腦的結構和功能，影響我們的心情。許多跡象也顯示，某些飲食方式的確能夠降低罹患憂鬱症的風險。

例如，遵循傳統飲食方式的日本人，罹患憂鬱症的機率降低了大約百分之二十五至三十五。除了醬油和「亞洲酸菜」泡菜以外，傳統日本食物中的許多蔬菜、水果、藻類和海鮮，也都經過發酵，由於細菌含量高，它們會如天然的益生菌般發揮作用。

至於由優格、橄欖與紅酒扮演要角的地中海飲食，也包含了許多發酵食物，這些食物可以提供好菌，還能改變腸道菌群。

然而必須注意的是，我們不該購買任何用來優化微生物的產品，也不該盲目飲用高價的益生菌優酪乳或康普茶（kombucha）。不過，我們倒是可以從富含益生菌的天然發酵食物，開始改變飲食習慣。

伊娃・塞爾胡布建議，試著在兩到三個禮拜內都不吃任何加工食品，改吃發酵的食物，像是酸菜、泡菜、康普茶、味噌或優格等，然後再將之前常吃的食物逐漸個別加入日常飲食中，觀察自己的身心狀況如何，而且不只是在吃進食物的當下，也包括隔天的感覺。她表示：「當我的患者體內變『乾淨』後，他們往往都感到難以置信，自己的身心感覺居然會那麼好。反之，當他們將先前暫時不碰的食品重新端上餐桌時，感覺又有多糟。」

睡得好，人生是彩色的

現代的萬事通渴望能有最好的表現，總是隨時準備好自我開發。除了在辦公室裡打拚事業，或是在Instagram上炫耀時尚的家庭生活，他們還會耗費大量精力從事各種時下流行的嗜好，甚至渴望將自己的身體變成一個展示間。事實上，有一種簡單、舒適又輕鬆的方式，能讓我們有最好的發揮：只要我們睡得夠，人人都能成為一個更好的人！

晚上別到健身房去湊熱鬧，也別因為想要放鬆一下，在哄完小孩就寢後就追個幾小時的劇，我們只需早點睡覺，就能確實為自我優化做出不少貢獻。換言之，我們只需以「少做」取代「多做」。

兩百個小時不睡的代價

早在一九五九年時，人們就已猜想到這點。當時，美國知名的電台節目主持人彼得・特里普（Peter Tripp）為了幫畸形兒基金會籌募善款，他進行一場連續兩百個小時不睡的實驗，並且在保持清醒的同時也主持廣播節目。他搬進一間位於紐約時代廣場用玻璃打造的全透明播音室，於是數百萬人得以見證睡眠不足會如何改變一個人的性格。

隨著每個不眠的夜過去，人們可以聽出特里普的性格轉變。雖說自古以來剝奪睡眠就是一種眾所周知的酷刑，不過直到一九五〇年代後期，人們對睡眠的重要性卻依然知之甚少。最終，這場「清醒馬拉松」對特里普的影響，遠遠超出所有人的預期。

當時年僅三十二歲的彼得・特里普，在進行實驗之前，完全就是典型的電台節目主持人。他聰明、樂觀，總是笑口常開，也愛開玩笑。但實驗進行到了第三天，他變得非常容易受刺激，他會對著麥克風咒罵，而且逮到機會就藉故羞辱他人。從第四天起，他開始產生幻覺，他看到老鼠在身邊跑來跑去，也看到蜘蛛爬進他的鞋子，他的行為顯得越來越偏執，也變得越來越充滿敵意，甚至認為負責照顧他健康的那些醫生密謀陷害他，有時還會出手攻擊他們。

到了最後一天，特里普再也無法區分現實和幻覺，醫生們斷言：「他失去了理智。」在這場清醒馬拉松的最後六十六小時裡，他得服藥以保持清醒，並堅持到最後。實驗結束後，他睡了長達二十二個小時，當他醒來時，第一件事就是問：「報紙在哪？」

但在那次活動後，特里普的人生就開始走下坡，這或許與睡眠不足或他當時服用的興奮劑無關。事實上，特里普後來成了一九六〇年的「收賄」（Payola）醜聞的主要人物之一，他與數位DJ都收受了唱片公司提供的數萬美元，非法在節目中幫某些歌曲打歌。

笨蛋才會睡到六小時？

睡眠不足會對一個人的性格造成極大的影響，導致煩躁、情緒低落、憤怒、焦慮和沮喪，而且這不用非得像特里普那樣，一連好幾個晚上不睡才會發生。事實上，只要經常睡眠不足也會導致同樣的情況。一個人如果已經累得要死，卻仍在晚上加班工作、狂歡聚會或運動，在嚴重睡眠不足的情況下，隔天仍繼續工作，重複使用咖啡與其他提神物品（如：腎上腺素）度過新的一天，他就會變成另一個人，而且可以肯定的是，不會是個更好的人。

巴塞爾大學的時間生物學家克里斯蒂安・柯約欽（Christian Cajochen）指出：「一個人若是連續十個晚上都僅睡六個小時，他在工作能力、反應速度、記憶力或判斷力等方面的狀態，就會相當於在血液裡有千分之一的酒精濃度。」儘管如此，許多人還是會自誇說自己通常只需睡上六個小時或更短的時間就夠了。尤其是那些政治人物或商業領袖，如歐巴馬、梅克爾與普丁等人，都曾說過類似的話。時至今日，低度的睡眠需求似乎成了擔任主管的先決條件。「你們真的想被『醉漢』統治嗎？」數年前，《南德意志報雜誌》曾如此問道，「當然不要，但我們難逃這樣的命運。那些人的血液裡隨時都含有千分之一的酒精濃度，大多數人的比例甚至還更高。」

物理學家暨發明家愛迪生就是個如假包換的工作狂；他之所以發明電燈，或許就是因為這樣他將更方便在夜間工作。他當時曾責罵世人，「睡覺簡直就是浪費時間，根本就是原始人留下的遺產。」這個自詡每天只要睡五小時就足夠的發明大王十分瞧不起普通人，他還說：「一個每晚睡八到十小時的人，永遠不會真正睡著，也永遠不會真正醒著，他其實就只是在不同的階段裡打瞌睡。」拿破崙則說：「男人睡四小時，女人睡五小時，笨蛋則睡六小時。」這位身材矮小的皇帝難道沒有經常打盹，害他的下屬老是擔心他會在打盹時從馬背上掉下來？也罷。即便我們無法確知這些細節，但從今日的角度看來，那樣的陳述基本上也是錯的，因為拿破崙式的睡眠節奏，會對一個人的身心造成毀滅性的打擊。

長期睡眠不足會打亂人的基因

德國最著名的睡眠研究者之一約爾根・祖利（**Jürgen Zulley**），多年來一再苦口婆心地勸誡世人「睡得太少會使人肥胖、愚蠢和生病」這樣的觀念，期待能夠「喚醒」那些不喜歡睡覺的人，希望他們可以更早上床就寢，或至少睡得久一點。

睡眠不足造成的負面影響不只是變胖、變笨、容易生病，甚至還會改變一個人的性格。在英國薩里大學以德克—楊・戴克（**Derk-Jan Dijk**）為首進行的研究顯示，如果一個人整整一個禮拜都睡眠不足，就會有高達七百一十一個基因受到影響。事實上，在這場實驗中的「睡眠不足」還算不上是極端條件，因為十六位受試者在七個夜晚裡，每晚最多還能睡到六個小時。

科學家利用血液樣本來確定這些受試者的基因在睡不飽後的外觀，根據從中發現的蛋白質（所謂的RNA分子），就能得出關於基因活性方面的結論。接著，他們會將同一位受試者在充分休息一週後的血液樣本拿來與之相比。這裡所謂的「充分休息」指的是，每晚最多可以睡到十個小時，睡滿十個小時他們就會被喚醒，因為過多的睡眠同樣也不利於健康。科學家發現，有數百個基因發生了變化，這樣的數量大約是人類擁有的二萬三千個基因的百分之三。相較於充分休息的狀態，在睡眠不足的情況下會有四百四十四個基因的活性變得較低，二百六十七個基因的活性變得較高。根據各基因所負責的事項，這些改變分別會帶來正面或負面的後果。

受到影響的主要是負責免疫系統、抗炎反應及身體壓力反應的基因。因此，睡眠不足不只會引發高血壓、肥胖、糖尿病、心力衰竭、腸胃疾病和感染的風險，更會增加憂鬱和暴力傾向的可能性。此外，睡眠不足肯定也會致命。實驗顯示，在兩到三週不睡覺的情況下，老鼠會死亡。日本人甚至還發明了一個用來指稱剝奪睡眠致死的詞彙，叫做「過勞死」。

睡不好，脾氣也變糟

任何稍微關心自己的人都曉得，如果睡眠不足，就會變得容易煩躁、不講理。近來科學界已針對這種現象做了深入的研究。相較於睡眠充足的人，睡眠不足的人明顯更容易感到壓力和易怒。

數年前，美國賓夕法尼亞州立大學的科學家，請他們的受試者做些簡單的專注力測試，並在過程中觀察受試者的反應。有一半的受試者被允許在測驗前可以正常睡眠，另一半的受試者則被要求在前一晚必須徹夜不眠。然後，所有的受試者都得一連十分鐘將一組四位數不斷減去二，例如三九九九、三九九七、三九九五、三九九三、三九九一……實驗結果顯示，睡眠不足者的壓力水平比睡眠充足者明顯更高，他們也更容易焦慮、憤怒，而且會有情緒低落的傾向。

之後，在第二項實驗的條件變得嚴苛後，也就是受試者必須耗費更多的心力，而他們的挫折感也被刻意提高，兩組之間的差異就不那麼顯著了。這時，受試者得在時間壓力下將一組四位數不斷減去十三，例如三九九九、三九八六、三九七三、三九六〇、三九四七……在這個過程中，他們還會不斷收到負面的反饋，電腦會向他們顯示，他們在所有受試者中是成績最差的那百分之二十五，儘管事實並非如此。在這之後，所有受試者都會強烈感受到壓力，睡眠不足的情況幾乎不會再使他們的痛苦加劇。

研究人員得出的結論是，或許睡眠不足的人就是比較容易覺得有壓力。「然而，這並不代表他們在壓力很大的情況下就會做出『覺得更有壓力』的反應。」換言之，他們容易感受到壓力，但他們的壓力反應程度總體上其實並未增加。

睡眠越不足，行為越冒險

不過，睡眠不足對一個人性格所造成的影響，遠遠不只是在壓力敏感性方面，他們還會變得比較勇於冒險，且比較不負責任。賭場老闆也充分利用了這點，他們知道，疲倦的玩家會更勇於下注。明亮的燈光、巨大的聲響、無窗的空間，這一切都是要讓賭客忘記時間的流逝。這些玩家也遠比自認為的還累。

數年前，杜克大學的一個以麥克・切（Michael Chee）為首的研究團隊，曾在一項賭博實驗中剝奪受試者的睡眠。在進行每個步驟前，受試者都能自行選擇，是想提高贏得越多越好的機會，還是寧可盡可能降低大輸的風險。如果受試者一夜沒睡，他們就會開始做出更大膽的決定，睡眠不足使他們更為樂觀、更樂於冒險，換言之，他們會認為，自己很幸運，自己將會大撈一筆。

「氣球模擬風險決策任務」是個歷史悠久的電腦氣球實驗。它顯示出睡眠不足者的行為顯然更為大膽、更為肆無忌憚。為了進行氣球實驗，研究人員會讓部分受試者連續幾週每天只睡五小時，之後再請這些受試者，與其他睡眠充足的受試者，一起在電腦螢幕上比賽吹氣球。由於氣球充得越大就可能贏得越多錢，因此盡可能充大氣球就變得十分誘人。但萬一不幸將氣球充破，參賽者就會空手而歸。過度疲勞的受試者不知節制，他們會不斷地吹啊吹，常把自己的氣球吹破，贏得大錢的美夢也隨之破滅。反之，睡眠充足的人倒是明顯較少發生這種情況。

睡得少是種慢性自殘

當初廣播節目主持人特里普在幻覺中見到蜘蛛、老鼠的現象，顯示剝奪睡眠甚至會導致思覺失調與精神變態的症狀，而且這種情況其實很快就會發生，誠如波昂大學與倫敦國王學院的心理學家所發現的那樣。

光是二十四小時不睡，就可能使一個健康的人出現類似思覺失調症或精神病的狀態。接著他們就會脫離現實或是陷於幻覺與錯覺之中，例如他們會認為，自己聽到了某些奇怪的聲音。波昂大學心理學研究所的烏爾里希•埃廷格（Ulrich Ettinger）表示：「我們知道，在一夜沒睡後，專注力就會減損，但我們卻沒料到，症狀竟會如此明顯。」

這種戲劇化的結果，或許是因為在睡眠不足下，受試者大腦中的過濾功能不會再起作用。在受試者借助看電影、聊天、玩遊戲與短程散步保持一夜清醒後，研究人員對他們進行了「前脈衝抑制」的測量。在這項實驗中，受試者會透過耳機聽到某種令他們驚嚇的巨大聲響，研究人員可以藉由他們面部肌肉抽搐的強度來測量驚嚇程度。然而，如果在巨大聲響前先聽到一個較輕微的聲響，也就是「前脈衝」，那麼受試者通常就比較不會那麼感到驚嚇，因為他們已為巨大響聲預做準備。健康的大腦會借助這種機制來保護自己免受過度刺激，它會把重要的和不重要的事情區分開來。但這在睡眠不足的大腦中卻不會再運作得那麼好。埃廷格表示：「這是因為在大腦中產生了混亂！」受試者對於光線、顏色或亮度變得較為敏感，他們的時間感、對於自己身體的感知和嗅覺全都起了變化，思維也變得跳躍。

沒睡飽，社交力會下降

睡眠不足也會對社交行為造成影響，不只會讓人變得比較暴躁、易怒，而且也會不自覺地退縮，在他人眼中甚至還會產生斥退的作用，誠如馬修・沃克（Matthew Walker）的一項實驗所顯示。

這位加州大學柏克萊分校所屬「睡眠與神經影像實驗室」的主任，研究睡眠對大腦的影響已有二十多年的時間，在此過程中他累積了許多重要的知識。沃克表示，很久以前人們就已知道社交孤立會導致睡眠障礙，「可是如今事實證明，反之亦然；睡眠不足會讓人比較容易感到孤獨，而這又會被他人的反應給強化。」

在他精心設計的一項實驗中，一百三十八位整夜都被禁止睡眠的受試者，與其他可以恣意睡覺的受試者進行比較。隔天，受試者們要觀看一段影片，在那段影片中的人們，會不斷直接朝向他們走來。如果受試者覺得對方靠他們太近，就按一下按鈕。結果顯示：缺乏睡眠的受試者會明顯更早感受到，朝他們走來的人對他們造成了壓迫感。換言之，他們的社交開放性遠低於睡眠充足的受試者。跟缺乏睡眠的受試者相較，睡眠充足者會讓螢幕上的人更靠近自己百分之六十的距離。沃克表示：「睡眠不足會讓人傾向迴避他人，與別人保持較大的社交距離。」

如果沒有充足的睡眠，我們很容易變得不愛社交，而且很快就會覺得孤單寂寞，因為在我們大腦屬於「心智理論」網絡區域會變得較不活躍，這個區域能讓我們了解他人的行為與意圖，讓我們成為群居動物。在那些為孤獨所苦的人身上，這種網絡通常比較不活躍，這同樣也適用於嚴重睡眠不足的人。

他人顯然也會察覺這個現象。在另一項研究中，沃克與他的同事讓一千零三十三位受試者觀看一些短片，短片中有一組受試者在討論當前的政治議題。影片中的某些受試者睡得太少，其他受試者則否；不過螢幕前的受試者並不知道這點。在不知何人處於何種狀態下，觀看影片的受試者會覺得那些睡眠不足的討論者比較孤獨，而且他們也不那麼樂意與這些人打交道。沃克表示：「所以在睡眠不足的狀態下會不願與人交流。」睡眠不足甚至可能引發孤獨的惡性循環。「一個人睡得越少，就越不想與他人互動。相反地，當人們感覺對方較不具社交性，也會因此增強他們對於對方的社交孤立，所以睡眠不足會使我們染上孤獨病。」

睡不好會讓腦細胞受損

可是，為何睡眠不足會造成如此嚴重的影響呢？針對在這個過程中究竟會發生什麼事，人們借助核磁共振成像掃描儀，做了深入的研究。科學家可以在大腦工作時觀察它們的狀況，清楚看出哪些大腦區域在怎樣的條件下會特別活躍。

大腦獨特的排毒系統，在睡眠時最活躍

觀察結果顯示，在睡眠不足的情況下，杏仁核（我們的情感所在地）的神經細胞會比在正常狀態下反應更為劇烈。當睡眠不足的受試者看著令人不安的照片時，例如殘缺不全的身體或罹患癌症的兒童，他們的杏仁核神經細胞會比在睡眠充足的情況下，發出多出百分之六十的信號。

很顯然，這時情感與理智之間的連結，更確切地來說，是從杏仁核到高度成熟的中前額葉皮質之間的連結，也會被中斷。杏仁核的反應通常會在這個理性的區域受到調節，就彷彿這個理性的腦皮層會告訴容易激動的杏仁核：「冷靜下來吧！事情沒有那麼糟。」然而只要一夜不眠，這樣的機制就會失靈，這時杏仁核反倒會與大腦裡最古老的演化部位——會釋放壓力荷爾蒙的藍斑核——緊緊相連，我們的情感就會因此陷於失控的狀態。

沃克表示：「睡眠不足就有點像是大腦倒回更原始的模式。」換言之，就是回

到「還不能將情感經驗置入某個情境，進而產生可控且適當的反應」的時代。這時，一個健康者的大腦也將呈現與精神病患者同樣的病理模式。沃克指出：「不幸的是，我們其實每天都會見到這種情況，例如，當有個麻煩的患者惹惱了醫生，當一位疲倦的母親反應過度，又或是某位員警苛待某位市民的時候。」

海馬迴的影像紀錄，則顯示出為何在睡眠不足下記憶力也會減損。這個大腦裡的海馬形小區塊是負責儲存新的記憶。記憶會在睡眠過程中受到鞏固，當人們看似全然放鬆地躺在床上睡覺時，大腦其實會將種種資訊分類成重要或不重要的；大部分的事情會被遺忘，少數則會被轉移到更深處的腦回以待日後記起，這一切都是海馬迴所負責的工作。然而，它同樣也會受到睡眠不足嚴重的影響，如果缺乏睡眠，海馬迴將無法清空它的儲存槽，會變得越來越滿。如此一來，就無法再儲存新的資訊。這也就是為何光是在一夜未眠後，如果要一個人觀看圖片並記住其中的細節，他會明顯記得比較少。

除了記憶力會衰退外，在睡眠遭到剝奪時，連真正的垃圾也會卡在大腦裡。大腦細胞通常會在睡眠時變小，細胞之間的通道（亦即所謂的間隙）相對地就會變大，而這些增大的通道可藉以排除無用的代謝殘留物。如果沒有給予大腦足夠的時間進行這樣的廢物清除作業，那些有害的生化垃圾就會囤積在腦袋裡。已有許多研究工作正在探索，諸如阿茲海默症、帕金森氏症或偏頭痛等疾病，能否歸因於這些東西。

睡出健康與生產力

可是一個人睡眠不足的情況究竟是從何時開始的呢？這因人而異。當然有些人所需的睡眠時間比別人來得少；或許歐巴馬與梅克爾就是屬於這種人。

問題是，並非每個人都認為自己睡眠不足。況且，一個總是睡眠不足的人，也不一定會察覺到這點。正如喝醉的人往往不認為自己喝醉，反倒覺得自己好得很，這也同樣適用於睡眠不足、意識朦朧的人。克里斯蒂安・柯約欽指出：「一個睡得很少的人如果覺得自己很健康、很有生產力，不妨自問，如果睡眠充足，自己的健康狀況與生產力能再提升多少呢？」

這正是《赫芬頓郵報》創辦人亞莉安娜・赫芬頓（Arianna Huffington）所做的事。多年來，她即使只睡短短幾個小時，依然讓自己保持工作效率。不幸的是，到了二〇〇七年，她居然累到昏倒在辦公桌前，不僅頭部撞傷，顴骨也骨折。從那之後，她減少了工作時間，規律地提早就寢，還撰寫了《睡眠革命》一書。

她警告說：「當睡眠不足時，會做出人生中最糟糕的一些決定；不但會雇用錯誤的人，也會嫁給錯誤的人。」因此她有一條「新解」的古老祕訣，那就是：「成功之道在於睡得好（Sleep your way to the top.）！」

六、與其「發現自我」，不如「創造自我」

「我是自己悉心設想、預作規劃、深思熟慮所綜合得出的結果。我，由自己決定。」

——卡爾・拉格斐（Karl Lagerfeld）

為布萊恩・利特（Brian Little）拉開布幕吧！當這位劍橋大學的教授上臺時，學生們頓時精神為之一振。因為他們即將聆聽一堂沒有照本宣科或老王賣瓜的課。憑藉迷人的自我嘲諷與犀利的機智幽默，利特就像黃金時段的演藝人員那般吸引著聽眾。他的談話風格著實扣人心弦，即使下課時間到了，也沒有學生不耐煩地看著手錶。

在這位本籍加拿大的教授來到劍橋前，曾先後任教於蒙特婁的麥基爾大學（McGill University）、美國菁英名校哈佛大學與英國的牛津大學。他總是在講臺上隨興漫步，妙語如珠，有時甚至還會一展歌喉。他在哈佛連續三年被選為最受歡迎的教授，更曾獲頒加拿大教師的最高榮譽——「3M傑出教學獎」（3M Teaching Felloswhip）。在他的講課結束時，學生們常會起立鼓掌。

有人認為，如果利特不當心理學教授，就能成為優秀的演員或全方位藝人，這個人天生擁有這方面的才華。然而，這樣的推論是完全錯誤的，利特絲毫沒有想要從事娛樂或表演工作的渴望，個性也不外向。他只是很努力地想要清楚傳遞自己的想法。

「事實上，我非常、非常內向。」這位心理學家如此形容自己。因此，當他沒在教學時，會極度安靜地專注自己的內在。他很喜歡與妻子一起回到他在加拿大位於森林裡的住家。他喜歡閱讀、聽音樂，他寧可坐在壁爐旁與人對談，也不想去參加派對。「跟其他人比起來，我比較不需要刺激，我需要大量的寧靜，而且過了下午三點我就不能再喝咖啡了。」利特認為，內向的人恐怕都無法承受，到了下午或晚上還來上一點咖啡因。

然而在課堂上，這位教授卻是判若兩人，他跳脫自己日常的行為表現，走出了另一種自我。（或許，從前當他邂逅自己日後的妻子，想給對方留下深刻的印象時，他也曾有過這種例外的舉動。）可是，究竟為何他在課堂上會如此判若兩人呢？因為對他來說，授課是件非常重要的事；就和當時與那位他未來的老婆約會一樣重要。利特表示：「我是個內向的人。但我有個心心念念的使命，那就是教學。」

他愛他的學生和他的專業，所以總是迫不及待想要傳授學生關於人類心理方面的知識，並且不斷與他們分享各種最新的研究成果。此外，由於課程是排在早上九點，學生們可能需要一點幽默來提神，好讓他們樂於聆聽、參與和交流，所以他索性就把自己的知識傳授化為一場秀。他承認，在那之後，他需要休息一下，這時他會想要獨處一會兒。他表示：「在完成這樣一場『公開表演』後，有時我會躲入男廁，避開那些想要跟我繼續交換意見的人。」

所以，利特其實是刻意運用在他身上不算「主流」的某些特質。他之所以能夠做到這點，是因為他有目標。他的轉變是有目的的，他希望藉此達成某些事情。

不只順性而為，更要超越個性

不過，在許多其他的大舞臺上，人們也常會發生「超乎個性」的情況，誠如利特所言，他們「表現出某些非個人典型的行為，而且人人都有這種潛能」。人格心理學用「五大性格特質」來描繪一個人，將一個人的個性放入五個大框架裡，在利特看來，這顯然是過度簡化了。他承認，借助五大性格面向，基本上確實可以相當適切地勾勒出每個人的樣貌，但他也認為這麼做過於僵化。

「一系列的特質？這就是我們的全部嗎？」他表示，「不，當然不是！」每個人偶爾都會判若兩人。而且，除了「開放型」、「認真嚴謹型」、「外向型」、「和善型」與「神經質型」之外，一個人還會有許多其他的個人特質，像是布萊恩型的、伊莉莎白型的、彼德型的或蘇菲型的。利特表示：「我無法忍受把人分門別類地放入某些框架裡。我們其實跟某些人有點像，但又不是那麼像。」

超越性格限制的「自由特質理論」

那麼，到底是什麼讓人與眾不同呢？答案就是人的所作所為。尤其是那些在一個人的生活中對他而言極其重要的事情，利特稱之為「我們的個人計畫」。像是我們全心投入的某些議題、心心念念的某些事情、在優先事項列表上的頭等大事等等。當我們追求這些目標時，我們的「自由特質」（free traits）就會浮現，這是我們除了主要特質之外所具有的特質，在我們迫切需要它們時就能予以動用，這時，我們會改變自己的性格，表現出不同於本來性格的面貌。

利特以一位性情和善的女子為例，來解釋他的「自由特質理論」。有位女子陪她的母親去了三趟醫院，但都徒勞無功，她們既沒有得知任何診斷結果，也找不到任何醫師能抽空為她們做個說明，這時這位女子可能就會整個豁出去了。利特表示：「她通常都十分和善，可是這時她會像變了個人似的，因為她想為她母親做點什麼。」一個人身上真正重要的東西其實是這些自由的、具機動性的特質，而非那些將我們過度分類的幾大性格面向。利特指出，因為自由特質出現的時刻都是關鍵時刻；「它們說了算！」

為了向年輕人傳授心理學的新知，一位害羞的教授居然扮演起插科打諢的小丑，就是這方面的一個例子。或者，有個基本上是屬於外向的學生，但因為他想好好準備考試，於是每天都在圖書館裡埋首用功，只在星期六晚上與朋友外出玩樂。又或者，有個生性拘謹的十歲小女孩，由於想為遭到其他小朋友欺負的妹妹解危，於是就勇敢地為她挺身而出。

無疑地，人與人之間的差異約有百分之五十是由基因決定，因此可說是相當穩定。然而，百分之五十也只不過是一半而已，造就一個人個性的其他影響也會受到早年的共鳴經驗左右，這些經驗早在我們童年時就已教會我們，有哪些行為會被周遭視為正確、哪些性格特質不妨勇敢表現出來。對於他人的期望、要求和讚許，換言之，也就是我們從周遭獲得的共鳴，如果對這些共鳴的接受程度越高，他人的想法或意見就越可能根深柢固地存在我們身上，甚至成為我們的第二天性。

不過，即使加上這些，我們的個性也還不算完整，因為接下來還有更重要的部分，那就是：有意識的個性化。這時我們會以基因給定的先天條件和生活中積累的所有共鳴經驗為基礎，努力地發展自我。這樣的情況，多半會發生在當我們想完成與自身性格大相逕庭、但我們卻非常重視的事情上。

因此，一位內向、打心底害怕與人接觸，可是卻非常想成為醫生的女性，會讓自己在行醫職涯中每天與無數的陌生人打交道。她會與他們接觸，會與他們談論某些私密的事情；因為這是她想從事的職業。先從周遭的正向共鳴中獲得勇氣後，就像那位發起氣候保護運動的小女孩，甚至還可以克服自身根深柢固的自閉症特質，這些就是自由特質為我們開啟了個人成長的可能性。

人們不必為此修改自己的遺傳密碼。性格是由思想、情感與行為構成，當這三者改變時，性格也會隨之改變。

相反地，一個人若是受限於他從基因及所受教育中獲取的基本配備，就會喪失發展的機會。有些人會自豪地表示：「我就是這樣！」巴伐利亞人甚至還會拍著胸脯驕傲地說：「我們就是我們！（Mia san mia）」然而，這些話其實是代表停滯不前、不靈活、沒有全力以赴。起初這可能會令人感到愉悅，讓我們認為活得真實，從而也為自身提供安全感。可是這並不是應付生活的好方法，因為那些堅持忠於自我的人，會錯失藉由改變取得發展的機會。

組織心理學家暨健康心理學家班・佛萊徹（Ben Fletcher）表示：「每回聽到有人勸告他人：『你就做你自己！』我都會覺得很訝異。」畢竟，一個人的習性不一定每次都能妥善應對所面臨的挑戰。因此，總是遵循同樣的行為模式絕不會有利，尤其是在如今這樣一個隨時充滿變動的世界中。

一個人的性格越是固定不變，就越難適應新的環境，也越容易感覺到壓力。因此，有時我們最好做些不在我們身上「根深柢固」的事情。佛萊徹也深信，每個人都能成為截然不同的人。他指出：「一個人發展這種能力的程度，會決定他在人生中能有多成功。」

剩下的問題是，人們能將原始性格之外的那些行為做到多好？是否能經常善用自由特質？佛萊徹表示，這方面的才能當然因人而異，「但是我們可以加以培養」。畢竟，人們只用了實際能動用的行為方式的五分之一，性格也只用了十分之一，「還有百分之九十尚待開發」。

《安靜，就是力量》（書中也舉了布萊恩．利特的例子）一書的作者蘇珊．坎恩（Susan Cain）指出，在職場中位居要職的，內向者要比外向者來得多。在工作中，他們會表現出職場上所期望與要求的行為；但在私底下，他們會盡量避免參加派對活動，寧可只與知己好友相處。

就像艾力克斯，他是某家金融機構的負責人，小時候曾是個害羞的傢伙，常被同學們捉弄與嘲笑，到了大約十二歲時，他決定改變自己的人生。他先仔細觀察班上的男同學，如果想在班上受尊敬，通常都會怎麼做，接著他就盡力去做同樣的事。在步入職場後，他繼續循著這條道路前進，這也確實讓他當上公司最高的管理層級。

即使一個人並不特別想在大型舞臺上表演舞蹈，也不追求任何的核心計畫，他還是可以激發自己的自由特質，這麼做甚至會很有益。因為如果我們平時有訓練，就能預做準備，以防萬一。如此一來，一個人將更容易靈活應對新的狀況。

打破習慣，做點不一樣的事

長期與班・佛萊徹一起從事研究工作的心理學家凱倫・派恩（Karen Pine）表示：「事實上，人人都有個裝滿種種有用行為方式的工具箱，但我們卻總是用相同的工具，也只以相同的方式使用它們。」人們其實有無數的方法可以去應對各種狀況。她的建議是：我們應該更常使用其他的工具，換言之，即採取不同的方法，或者嘗試運用我們不熟悉的處理方式。唯有保持行為的靈活性，我們才能從自身發掘出新的事物，甚或發現某些隱藏的秉賦。

舉例來說，如果一個人在空閒時只會打打迷你高爾夫球或玩填字遊戲，那麼他可能就沒有機會察覺到，參與團隊形式的球類運動其實會讓他更開心。又例如，如果一個人老是只想著在對話中搶得主導權，從未試著好好聆聽他人說話，那麼他可能就沒有機會察覺自己身上沉靜的一面。

天生我才必有用，可惜有時那些才能卻會被不見天日地埋沒到腐朽。在許多貧困的家庭中，肯定存在著無數偉大的音樂天才，只可惜他們無緣取得樂器，也無法藉此實現自我。一個人的才能，唯有在他也能加以運用時（像是試著發揮自己的音樂才華、在自己喜歡的運動上下點功夫、勇敢踏上舞台嘗試做些表演等等），才能形塑一個人的性格。我們的自由特質也是一樣，如果懂得善用，它們就會改變我們。

為了讓人比較容易做到這一點，班•佛萊徹與凱倫•派恩共同研擬了一種名為「做點不一樣的事」（Do Something Different）的訓練計畫。這是學會激活性格中其他十分之九的方法。之後，我們就越來越容易召喚那些遭到埋沒的特質。這之所以能夠奏效，訣竅就在於行動的力量。

當然，我們的思想在性格的發展上扮演重要的角色。我們對自己的看法會影響行為方式，那些深刻內化於心中的「信念」會告訴我們，我們很害羞、很懶惰、數學不好或停車技術很糟等等，這些自我看法會對我們造成很大的影響，以致我們可能真的就無法將車順利停進停車格裡、面對代數習題永遠頭痛不已、根本不想整理自己的文書檔案、打死也不願和陌生人打交道。

換個想法會更好

思想會影響我們的行為，反之亦然，行為同樣也會強烈影響我們的思想及個性。從小地方就能產生這種作用，例如我們用牙齒咬住鉛筆，以這種方式強迫自己微笑，心情確實會變得比較好。這也是源自於印度「愛笑瑜伽」（**Laughter Yoga**）的眾多例證之一。

當我們站直或坐正，挺直背部，向後伸展肩膀，就會立刻感覺到昂首挺拔的姿態，讓自己變得更有自信了。

利用行為對心靈產生療效是所有行為療法的一部分。在這類療法中，人們會試著透過行為擺脫自己的負面思想迴圈。這類療法就如同抗憂鬱藥物，除了可以治病外，還能在重度憂鬱症患者身上誘發性格改變，接受心理治療的人在情緒上通常也會比較穩定。

因此，除了思想以外，我們的行為是「自我」的第二大支柱。此外，比起根據理論進行調整，單純藉由做些不同的事情，往往還更容易改變人生。班・佛萊徹表示：「光是告訴某個人該怎麼做是不夠的，那個人得願意自我改變。也就是說，為了讓改變成為可能，一個人還必須嘗試不同的行為。」

當我們無法完成某些事情時，往往會一再嘗試，不斷練習。不過，我們其實應該採取新的策略。如果我們在工作上被某個問題卡住，不妨先起身跟同事聊聊天，讓大腦先暫時休息一下，稍後再重新思考，之前的難題或許就會突然迎刃而解。

愛因斯坦曾說：「什麼叫瘋子？就是重複做同樣的事情還期待會出現不同的結果。」因此，如果我們想達到不同既往的目的，就得做些不一樣的事情，這才叫聰明。

光只在大腦中盤算自己想成為什麼樣的人，通常不太有幫助。就拿先前曾提及神職人員候選人的例子來說，為了趕赴演講，他們全然不顧路旁需要幫助的人，這顯示出一個人所認定的價值標準，不一定就能使他成為更好的人。這也同樣適用於職業倫理學家，誠如菲利普・薛納格（Philipp Schönegger）與約翰尼斯・華格納（Johannes Wagner）兩位心理學家在一項研究裡所證實的。

在日常生活中，道德哲學家的所作所為，並不優於那些日常中不會接觸到倫理學和道德哲學的人。薛納格指出：「即使一個人數十年來一直在鑽研道德問題，也不太容易對他的態度和行為產生任何影響。」研究人員曾針對在德語區的大學裡任教的倫理學教授，和其他領域的教授做比較，從道德的觀點來看，堪稱「正面行為」的只有「倫理學家更常放棄吃肉」這件事。然而，例如在捐款方面，他們的捐款金額並不比其他教授多，儘管他們認為樂於捐款是既重要又正面的行為。

這位專業的觀察家在世界各地都發現類似的落差。許多高呼環保的環保主義者在移居泰國或巴西後，都成為言行不一的人。職業是老師的父母在管教自己的孩子時，也未必會是稱職的教育者。心理治療師總會勸告人們，在與伴侶發生爭執時，應以發送「自我信息」（也就是說一說自己的感受）取代指責，然而當他們與另一半爭執時，卻往往和從未聽過這種理論的人罵得一樣兇。而醫生則總是最糟的病人，他們很少遵循自身給予患者的種種建議。

理論對於一個人能否步上不同的、更有意義的行為道路並不是很有助益，但改變行為卻會對我們的思想帶來巨大的影響。懂得靈活變通，就能為人生帶來極大的收穫；反之，墨守成規則會阻礙我們前進。人生總會發生突如其來的意外，冥頑不靈會讓我們生活得困難，也因此那些不思改變的人特別容易感受到壓力。

佛萊徹曾對職場壓力做過許多研究，他發現習於因循的人，特別容易緊張、有壓力，因為他們總認為事情得依照既有的模式進行，因而不太擅長應付挑戰。相反地，一個能夠輕鬆面對新狀況的人則不太容易感到壓力。

打破日常慣性，瘦身更容易

一個人是否具有變通性，甚至與他BMI值（Body Mass Index）的高低也有關係。佛萊徹的學生曾發現，相較於身材較為肥胖的人，身材苗條的人在行為與計畫上更為靈活，也較容易適應新狀況。因此，如果我們偶爾做點不一樣的事情，或許不僅能幫助減壓，而且也有益於瘦身。

基於這種想法，佛萊徹與派恩研發了一種名為「不節食飲食」（No Diet Diet）的飲食計畫。其祕訣在於：如果有人想要減重，但卻缺乏紀律，或者說得好聽一點，「他的享樂主義常妨礙他達成減重的目標」，那麼不妨鼓勵他去做些不熟悉的事情，或是鼓勵他以不熟悉的方式去做他熟悉的事情。此舉不僅能夠促成瘦身，參與者也會樂在減重的過程中。

因為，進食過多，就如同其他惡習一樣，常會出現在生活的例行公事中。我們會把絕大多數的行為方式內化成自動導航模式，這些行為會由習慣與外在環境來驅動，而非由理性的決定來駕馭。諸如飯後就想吃些甜點、喝完咖啡就想抽根菸、看電視時就想配點洋芋片、工作時會習慣性地隨時檢查有沒有新的電子郵件……等，都是相關的例子，「做點不一樣的事」訓練計畫，就是旨在打破這些慣性模式。一個人若能行事稍有變化，就有希望逐漸做出越來越大的改變，像是最終能成功減重。

在一項研究中，佛萊徹與派恩實測比較他們的「不節食飲食」與其他的減肥方法。參加「不節食飲食」計畫的人，會得到一些為他們量身訂做的建議。如果某人表示，自己從來無法安安靜靜地坐著，那麼給他的任務就是：今天就乖乖地坐十五分鐘，在過程中，不妨聽聽鳥鳴聲或是平和的音樂。反之，如果有人表示，自己平常在工作中都得一直坐著，那麼他必須試著在開會時起身發言，或是站著講電話。至於對照組的參與者則完全沒有獲得任何建議，而且還能自行決定要不要節食。

此外，參與者還會定期收到以簡訊方式發送的激勵，例如：「記住，大改變始於小步驟！」「無論你的改變有多麼微不足道，別忘了今天也要做點不一樣的事！」有些鼓勵則會寫得比較具體：「一個人在口渴時，會誤以為自己也餓了。」「我們常會出於習慣或無聊而吃東西。轉移注意力，做點別的事。去跑步、聊天、喝水、洗碗或開懷大笑吧！」但他們不會收到任何與減重有關的任何提示或鼓勵，像是「要吃得健康」、「別喝軟性飲料」或「每天至少運動三十分鐘」。

這些參與者只需更改一些根深柢固的行為方式，像是「提早一小時上床睡覺」，或是「一整天都別碰手機或看電視」。過了一個月後，相較於對照組，「做點不一樣的事」組成員的體重明顯減少更多。在接下來的幾個月裡，他們的減重成績同樣持續領先。如果參與者的行為變得越靈活，體重就會下降得越多。

在這個計畫中，成員所改變的行為與飲食或減重完全無關，「做點不一樣的事」組的成員，甚至根本未節食就減輕了體重。於是他們開始吃得更健康，還做了更多的運動，這原本就是他們的願望，只不過之前他們總是被自己的習慣打敗。此外，在戒菸與求職方面，「做點不一樣的事」計畫也能發揮類似的功效。

為什麼會這樣呢？一個人若能突破僵化的行為模式，他就會開始用全新的眼光看待自己。他會不再受自己的生活模式或他人的要求所擺布，而會意識到自己能再次掌控人生。如此一來，至關重要的「自我效能期望」也會跟著提升。於是行為改變了想法，最終人們會認識到：自己確實能夠適應新的環境，也能實現目標。

基本上，這種策略是借鑑於現代科學心理學的奠基者之一——威廉・詹姆士（William James）——的聰明見解。這位哲學家暨哈佛大學教授，於十九世紀末曾在他的情感理論中，針對當時已獲得公認的論點提出質疑。

該項論點指出，事件會先觸發情緒，然後才觸發行為。詹姆士則認為恰恰相反，情緒其實是由行為所引起的：我們不是因為悲傷才哭，而是身體先有了反應，接著心靈才從身體的反應中得出「我們感到悲傷」的結論。這也同樣適用於恐懼。當我們看到了一頭熊，我們會立即拔腿就跑，之後才會感到害怕，因為我們的大腦對脫逃反應做了分類。美國風險研究專家彼得・桑德曼（Peter Sandman）也指出：「人們多半不是因某事危險而躁動不安，而是因躁動不安所以才認為某事危險。」

假裝原則

於是威廉・詹姆士發展出「假裝原則」（As-If Principle），他從中推得的箴言就是：「如果你想具備某種特質，那麼你就做得宛如你已具備了那種特質。」若改用精簡的英文，我們或許可以說：「Fake it, till you make it!（當真就能成真）」。

如果一個人願意偶爾做點不一樣的事情，那麼他就會在日常中，經常做些改變自己的迷你實驗而獲取新的經驗，進而發現：這個世界其實並沒有那麼糟糕。他也會更加樂於體驗新的事物，從中獲取更多樂趣。他還可以藉此培養好奇心。如果好奇心指的是「以喜悅的態度去面對生活」這種正面意義，而非「窺伺他人隱私」的負面意涵，那麼好奇心完全是一種極為有益的特質。

在進行這些改變的迷你實驗時，不需給自己任何壓力，即使不能堅持很久也無妨。佛萊徹表示，「這樣的嘗試大多只能持續五分鐘，時間雖短，卻能幫助一個人跳脫墨守成規的窠臼。」

改變行為意味著拓展一個人的舒適圈，他的世界會變得越來越廣闊，掙脫了妨礙他獲取種種經驗的舊習，開發出更多的應對機制，也就是能幫助他應付種種難題的行為方式。如果順利應變，甚至能化危機為轉機，一如達賴喇嘛所稱：「這是一種奠基於能消除我們天生惰性的身心可塑性。」

相反地，一個人若是因自己僵化的行為與思維模式而倍感壓力，從而認為這樣的感受讓他極不舒服，他就會先避免讓自己身處陌生的情況。這將會令他更不懂得變通，甚至更加沮喪，陷入每況愈下的惡性循環中。

改變行為的迷你實驗

在這方面我們可以做的迷你實驗非常簡單：

- 聆聽不常聽的音樂類型，觀看不常看的節目類型。
- 以不同既往的方式閱讀一本雜誌，例如從最後一篇文章開始讀起。
- 變換上班的既定路線與方式，例如改搭其他交通工具、（部分路程）改為步行、回程時走捷徑……等。
- 首次（或再次）去參觀一間博物館或欣賞一場藝文活動。
- 去一間自己不熟悉的商店購物，選購自己不熟悉的商品、品牌或更換新口味。
- 使用非慣用手去完成某些簡單的任務，例如書寫備忘錄（購物清單）或開門。
- 穿褲子時先將非慣用腳穿進褲管裡；上樓時以非慣用腳踩上第一級階梯。
- 將起床時間和／或就寢時間延後一小時。以頭在床尾、腳在床頭的顛倒方向睡覺。
- 閉上眼睛淋浴。在以單腳站立並保持平衡的情況下刷牙。

- 品嚐一道新的菜餚。使用從未用過的食材煮出一道菜餚，例如用蕎麥取代大米、用小米取代馬鈴薯。
- 在家用餐時與家人交換習慣坐的座位。使用圖案或顏色繽紛的餐具用餐。用蛋糕叉與湯匙代替刀叉等慣用餐具。吃東西時閉上眼睛咀嚼。
- 從另一個方向攪拌咖啡。
- 聞一聞所有你想吃或想烹調的食物。

這些事情看起來都很有趣，更重要的是它們都很簡單。所以改變自己的個性不是非得做難度很高的事才行，這一切其實只需要我們付諸行動。

你認識的自己，可能只是假象

保持彈性與保有好奇心對心理有益，但這跟「做點不一樣的事」是不一樣的，後者的目標並不明確，它不會有系統地將一個內向孤僻者變得善於社交，或是讓膽小的人變勇敢，然而，這種結果其實才是許多人想要的。

根據調查，大約只有十分之一的人對自己的性格特質感到滿意。茱莉・史派西特表示：「在某些研究中，甚至有超過百分之九十的受訪者表示想改變自己的性格，而且幾乎所有人想改變的方向都有志一同。」絕大多數的人都希望自己能變得更外向且情緒穩定。畢竟，相較於木訥寡言，長袖善舞的人在社會上更受歡迎，他們比較容易找到朋友、伴侶，也比較容易獲得社會認可。

彥斯・阿森多夫指出，在亞洲的傳統文化中，情況則是完全不同。在中國，謙遜的舉止自古以來一直為人所重視。這位心理學家表示：「川普的自信與自豪在那裡肯定吃不開。」

不過這種情況倒是正在改變，誠如比較上海與加拿大安大略省的研究顯示。在一九九〇年代初期，中國的兒童還會給予害羞的同學正面的評價；而在加拿大，害羞的孩子會被給予負面的評價。過了二十年後，這種差異已經消失了。

第二種人人渴求的特質——情緒穩定，在我們這個高壓社會，同樣也有很高的價值，它能使人免於壓力、焦慮等諸多負面情緒。此外，情緒穩定的人還能經營出較為充實且富有彈性的伴侶關係，對自己與人生也更滿意。

是「自我認知」，還是「自我盲目」？

我們通常並不確切知曉自身的實際情況，看待自己會有許多盲點；而且一旦我們對自己的看法成形，就會頑固地否認所有與之相反的證據。因此，在我們認為非得做出改變之前，應該先認清，我們對於自己和這個世界所做的假設不一定符合現實。

身兼作家、演說家與教練的湯瑪斯・辜洛普羅斯（Thomas Koulopoulos）就十分精於此道。他的演說教練工作，是教導人們在公開演講前先做好充分準備。他會讓六到十個學員坐在房間裡，在鏡頭前練習演說，並將他們練習的狀況錄製下來。

其中有位客戶讓辜洛普羅斯留下特別深刻的印象。那位我們姑且稱他為亞瑟的男士，正在發表一場演說，其他的同學並未特別覺得他的演說不好，但他講到一半時卻突然停了下來，大喊：「我就是做不到！我不要再講了！」亞瑟的陪練夥伴都感到十分訝異。他們向他保證，他講得很好，但亞瑟回答：「你們只是想要鼓勵我，但我就是無法當著眾人的面講話。」即使他後來與其他學員一起觀看了演說影片，仍堅持己見，認為自己缺乏天分，無可救藥。

亞瑟的台風平穩，咬字清晰，態度堅定，演說內容邏輯清楚、條理分明，沒有什麼可挑剔之處。「但他就是非常頑固。」辜洛普羅斯說道。

對於辜洛普羅斯而言，這個例子再度證明了，他在工作中會一再在他的客戶身上見到的偏見：「我每每都會觀察到，我們是如何扭曲現實藉以符合自己的信念，即使事實就擺在我們眼前。」正如一個患有厭食症的人，儘管體重僅有四十公斤，卻仍覺得自己太胖。同樣地，我們也是在一個被自身期望、態度和想法所扭曲的鏡子裡觀看自己，因此我們無法在其中看出關於自己的真相。

在這當中，我們完全忽略了只要加以覺察，就能讓自己幡然醒悟的所有事情。相反地，我們只將注意力專注在不出自己所料的新資訊上；或是修改我們的詮釋，使它們能符合我們迄今為止的看法，所以我們總覺得自己的判斷會一再獲得證實。

我們不單只有在事後評估重要的人生決定時會這麼做，例如我們選擇了怎樣的伴侶，或是該住哪個城市。甚至當事涉對於我們人生完全無關且微不足道的某些決定，又或是我們僅憑直覺做出的判斷（例如：從某一連串數字中算出的平均值是多少），也都同樣會這麼做。

關於平均值的問題，是神經生理學暨病理生理學研究所，以德國神經學家托比亞斯．唐納（Tobias Donner）為首的研究團隊，在實驗中發現的。

在第一項實驗中，研究人員要求受試者針對以下這個問題表達看法：「稍後你在電腦螢幕上接連看到八個數字的平均值，會是大於還是小於五十？」在受試者做出判斷後，接著他們會再看到另外八個數字，最後他們得再猜出全部十六個數字的平均值。結果顯示：受試者會忠於自己的評估，他們會特別挑選能證實自己原始判斷的那些信息。如果他們在看了前八個數字後選擇了「大於五十」，那麼最終他們的估計值就會往上錯估；反之，如果他們選擇了「小於五十」，那麼他們的估計值則會往下錯估。至於其他從一開始就看到十六個數字，接著才做出判斷的受試者，則是得出更為精確的結果。

在第二項含有視覺刺激的實驗中，也顯示類似的模式。這次受試者要思考，螢幕上一朵帶有許多閃爍光點的點雲，究竟是在向右還是向左轉動。當受試者看完第一段影片做出判斷後，他們會在看完第二段影片後傾向於維持原本的看法。

受試者會選擇與自己的態度、信念及行為一致的部分，並認為這些偏好是中立的。所以唐納得出的結論是，人類的愚昧是基於深植在大腦裡的一套機制，我們天生就有會做出選擇性感知的傾向。這種選擇性的過程可以視為一個人抵抗不想要的資訊的方式：選擇性接觸↓選擇性注意↓選擇性感知↓選擇性記憶。

是以，如果我們想要改變自己，那麼以下的事情該是首要任務：我們至少得合理懷疑，評估自己和世界的方式是否正確。因為我們往往都只是在生活中尋找可以鞏固自身想法的證據；又或者，我們會藉由自身所選擇的行為，去觸發能鞏固自我形象的反應。我們其實也可以去改變它。

若想拉直彎曲的鏡子，只有一件事情會有幫助，那就是：我們應該走到外面的世界獲取經驗，對於在那裡的所見所聞持開放的態度。

人不能只是「活著」，更要找出對你有意義的事

在「我們真正想要改變什麼」的這個問題上，我們也同樣善變。例如：我們寧可讓什麼保持原狀？需要什麼才能讓自己變得更好？如果不是涉及像是減重或減壓之類的具體計畫，我們恐怕很難說得清楚。

外界的期待經常會勝過我們對於自身的期望，而我們往往對此毫無知覺。我們

或許會認為，爭取主管職位，去紐西蘭旅遊，都是合理且正確的選擇。然而，公司的主管職位對於我個人和我的人生真的那麼有吸引力嗎？我是否真的想做這樣的長途旅行？或者，我之所以想這麼做，只是因為我的朋友或其他的人都在世界各地飛來飛去，但我自己其實沒有那麼想要出去歷險？

被制約的想法與人生

期望往往不是來自我們的內心，而是來自朋友、父母或社會規範，而且它們還經常會與我們的內在需求相互矛盾。心理學家奧利佛・舒爾泰斯（Oliver Schultheiss）解釋，他研究「動機」這項主題已有多年的經驗，哪些動機是來自外界，哪些才是我們自己的？他表示：「對於許多人來說，這幾乎是無法區分的。」

心理學家山姆・索默斯也很清楚，我們幾乎不會檢視自身的信念來自何處、我們是什麼人，或我們想要什麼，「我們通常都會認為這些信息是理所當然的。」

然而，如果我們總是在履行職責的義務、只是做取悅父母或伴侶的事，那會很不健康。舒爾泰斯警告說，追求與自己意願相反的目標不僅會讓人不滿足，還可能引發憂鬱症。因此，如果一個人能夠認識自己內在的動力，並且盡可能選擇與其相符合的目標，那會很好。遺憾的是，無論是前者抑或後者都很難發生。

舒爾泰斯曾在研究中試著讓人們意識到這種不協調，並且協助他們將職場與生活中追求的目標，以及內心深處的需求（也就是內在動機），在這兩者之間取得平衡。但他不敢嘗試協助人們放棄他們的外在目標，即使這些目標與他們的內在動機是背道而馳的。這位心理學家認為，基於道德上的理由，此舉在非治療性的研究中並不能被證明是合理的。誰知此舉最終將對某人的人生造成什麼影響呢？

事實上，如何度過人生並非只與內心的慾望有關，來自外界的道德要求也是我們無可避免的。如果我們想要保住工作，在職場上就得有所取捨；如果我們決定生養小孩、就得放棄養狗或購買隔壁鄰居會定期整理庭院的花園別墅。在這種情況下，我們的自由度其實並沒有那麼寬闊，是以，我們必須在內心深處的需求、種種的目標及當前的各種限制之間做出妥協，而不能一意孤行地把事情搞到不可收拾。

因此，舒爾泰斯設計了一些練習，幫助人們在不自我說服的前提下，讓自身的內在動機能與種種給定的目標相結合。

他在一項研究中測試了這些練習的成效。他將七十四位學生分成三組，第一組的受試者只是單純獲得激勵的反饋，藉以促使他們完成某些根本無心進行的任務；

第二組的受試者接受了一場能讓他們與其目標更加調和一致的訓練；第三組的受試者則只要一如既往即可，不需做任何改變。

訓練是採取以下的策略：如果我的目標是修剪草坪，因為這對社區附近的社交氛圍十分重要，但我是個非常熱愛交際的人，我討厭因為割草得要孤單地待在花園裡，在這種情況下，或許以下的點子能讓我更容易完成修剪草坪的工作：這個星期不妨約個朋友來家裡，和我一起修剪草坪，下個星期再換我去他家，和他一起修剪草坪，如此一來，我就能將除草的工作與我內心深處的需求結合起來。如果我能事先知道，為何現在修剪草坪對我來說確實很重要（例如，因為事後我會覺得很暢快；因為鄰居會很高興，而我又可以自在地和他們聊天；因為我可以在草坪上舉辦派對；因為我可以踢足球），效果會更好。此舉也有助於我具體想起我的內在動機（也就是我的社交需求）的力量；像是藉由憶起曾與那位朋友進行非常感動的對話，或是與他共度的一個精彩夜晚。

在歷經九週的訓練後，學生們的動機與目標之間的差距明顯縮小。不僅如此，那些年輕人還覺得更自在，而且也較少出現憂鬱的症狀。

紐約哥倫比亞大學教授、高齡者專家暨發展心理學家烏蘇拉・施陶丁格，則提供了另一個祕訣。

我們往往會把人生中的某些事情視為束縛，儘管曾是我們自己決定要那樣過活，誓言絕不放棄，像是購買花園別墅，還有割草機。施陶丁格指出：「我們應該認識自己的詮釋方法與思維模式。」如果我們發現自己老是受人擺布，不妨在紙張寫下：「關於我『如何看待世界』這件事，我也有責任。」然後將之貼在醒目的地方，隨時提醒自己。我們也可以改寫一下內心的話，例如將「我還是得除草」改為「我決定要除草」，這是可以訓練改變觀點的方式。

瑞士的兒科醫師暨育兒顧問雷莫・拉戈（Remo Largo），在他所著的《適宜的生活》（*Das passende Leben*）一書中，提到一位與他交好的律師。拉戈表示，這位律師不喜歡自己的工作，但他有個嗜好——陶藝。由於單憑陶藝幾乎無法餬口，於是他只好妥協。白天，他寫訴狀，受困在檔案堆裡；到了晚上，他則讓泥土滑過自己的手指。「很多人都得做出類似的妥協。」拉戈說道。

然而，我們當然也能下定「不想再做出某些妥協」的決心。我們可以從根本上質疑自己的目標，也可以放棄原本的目標，選擇新的道路。害怕走到人生的盡頭才發現，自己根本從未度過屬於自己的人生，只是一心想著要滿足他人的期望，這樣的恐懼絕非偶然。

柏林的心理治療師暨作家楊•卡爾比策（Jan Kalbitzer）表示，如果相信這個世界會在某個時候向一個人展現某些有意義的東西，這是一大錯誤。「那些具有意義的東西必須由我們自己決定。」

與其走別人告訴你該走的路，在別人的期待之下活著，不如走一條自己真正想走的路。每個人都可以為人生中某些事物賦予他人無法看出的意義。「由於人們決定不讓那件事毫無意義，而覺得它是超讚的，所以對他們來說，它也就會真的是很棒的事。」卡爾比策說道，「我可以過一個絕望的人生，因為我不賦予任何事物意義。或者，我也可以為自己人生中的某些事物賦予某種意義，如此一來，我將會擁有美好的人生。」

針對「自我」的訓練

一個人真正需要什麼，他可以借助自己的經驗來確定。在人生的過程中，人們會越來越清楚什麼才是真正適合自己。畢竟，在嘗試夠多的情況後，最終也能認清其中有許多並不適合。因此仔細思考，我們在哪些情況會感到幸福，又或者會感到不幸，是非常重要的。

雷莫・拉戈表示：「接著我們就會開始探索，為何情況會變成這樣？其中有什麼是能協調或改變的？然後從中得出結論。」因此，一個人的性格發展、個性成形，也和他的決定有很大的關係，到頭來，甚至比基因、家庭、環境與文化更具影響力。就如布萊恩・利特指出的：「我們會在一定程度上形塑自己。」

自我像肌肉，需要透過鍛鍊加以強化

無疑地，有許多改變都是在不知不覺中發生的。例如前面曾提及，年輕人在出國一段時間後所產生的性格變化。茱莉・史派西特表示：「並不是說，這些人在出國後才心想：如果我能對新的經驗抱持開放的態度，那會是件很不錯的事，不如我從明天起就這麼做吧！」事實上，整個思維的運作過程是反過來的：人們到國外認識不同的人，遇到在國內可能從未體驗的種種情況，然後會發現，這些新奇的體驗既有趣又充實，如果敞開心胸加以接納，就能從中獲得回報，例如學習新知、得到認可、獲得樂趣。如此一來，他們就會以更開放的態度去迎接下一個新的經驗。

然而，我們能否有意識地做出改變性格的決定呢？顯然是可以的。繼性格心理學家逐漸揚棄「一個人的性格最晚在三十歲前就已定型」這個過時的論點，另一項教條也在動搖：有別於長久以來的假定，性格似乎真有可能憑藉意志和訓練而加以改變。

如果一個人真的願意，他可以有意識且目標明確地改變自己，運用布萊恩・利特所宣揚的「自由特質」能為此提供基礎。成功的祕訣就在於：不斷背逆自己的天性，以不同的方式展現自己。隨著時間經過，我們不熟悉的行為就會影響我們的思想，進而影響性格。

心理學教授山姆・索默斯指出：「『自我』可以像肌肉那樣被訓練，如果不提升它的力量，就會越來越脆弱、越來越萎縮。」茱莉・史派西特也認為：「一個人可以透過獲取新的體驗，有意識地去改變自己的性格。」

跨出舒適圈的刻意練習

烏蘇拉・施陶丁格甚至認為，性格朝著更親和且情緒更穩定的方向轉變，這是所有人一生都在做的事，只是那或許根本不是自動的成熟過程，而是辛苦耕耘的結果。因為每個人都會在人生中獲取經驗，並且從中學到，自己的某些行為方式其實並不是那麼明智，繼而得知，當我們對同事感到不滿時，最好是冷靜應對，而非暴跳如雷；或是別再為了一隻蜘蛛就驚聲尖叫著跑出房間，應該強迫自己以比較輕鬆的態度去面對那些益蟲。

換言之，人們會給自己一個推力，按部就班地去做些或許和年輕時截然不同的事情。因為他們已經了解到，自我成長是很重要的，繼續維持一成不變的行為方式是不會進步的。烏蘇拉•施陶丁格稱此為「智慧之路」，它與較為舒適的「安適之路」形成鮮明對比；在「安適之路」上，人們無須耗費大量精力去做其他的事，從而也會讓同樣的性格持續更長的時間。

我們可以先從很小的事開始練習，不用一開始就挑戰終極大魔王。在此以「恐懼」為例來做說明：如果你決定不再害怕蜘蛛，不妨先從一隻很小的蜘蛛開始。請你把牠握在手裡，然後把牠帶到花園。不久之後，就連比較大隻的蜘蛛，你也會敢於這麼做。茱莉•史派西特指出：「如果一個膽小的人能夠成功克服某種原本總會在他身上引發恐懼的情況，從長遠看，這樣做將減少他的恐懼感。」然後這些經驗就會覆蓋舊的恐懼，或是提供新的誘因。

在內向方面，情況也很類似。有很多人都想擺脫內向，而這往往其實只是社交恐懼。因此，如同害怕蜘蛛那樣，不妨先從小處開始，就把小蜘蛛改成小聚會。不過，誠如心理學家尼克・哈斯拉姆（Nick Haslam）所指出，只有真正膽怯的人，也就是性格遠比內向更嚴重的人，才需要這樣的訓練。在膽怯的人身上，除了內向以外，還有一種神經質的因素，也就是情緒不穩的因素，他們害怕與人打交道。相反地，真心重視內在情緒穩定的內向者，則不需要任何訓練，他們其實只是喜歡獨處，覺得一個人很自在。

性格無好壞之分，而是各具特色

誠然，無論是「智慧之路」，抑或「安適之路」，這兩條道路都是可行的。一個人若是覺得自己現在的狀態很好，大可放心地對自己說：就這麼繼續過下去，一切都保持原樣。「如果你過得很好，那就沒有理由做任何改變，」烏蘇拉・施陶丁格強調，「即使你得相當努力才能在生活和種種挑戰中保持快樂，也無須做任何改變，傾向維持原狀自有其道理。」

然而，若是苦難對你造成太大的壓力，或是慾望和好奇心對你的誘惑太強，同樣也會形成一個人改變的契機。

無論外向或內向，都有自己的優勢

性格沒有優點缺點之分，只有特點。也沒有人是百分之百內向或百分之百外向，大部分的人都是在這兩者之間游移，有人偏向那邊一點，有人偏向這邊一點，我們亦無須覺得極端就一定是好或壞。每種樣態在人生中的某個時刻都可能是種優勢。茱莉・史派西特表示：「因此，首先我們應該欣賞自己，肯定『能夠成為目前的自己是件好事』，就算一個人目前尚未意識到此事，但性格總是會有正面的面向。」

但可以肯定的是，許多人太常以固定的方式應對，如果他們能夠做出更好的調整，相信會過得更好。只要內向的人願意，他們定能克服對待他人過度小心謹慎的態度。如果他們與他人在打交道的過程中，能接收到完全正面的反應，這將帶給他們勇氣。茱莉・史派西特指出：「接著，人們會感覺自己變得強大，也會意識到，其實不必過得那麼拘謹，並會試著把這些改變帶入日常生活中。」

其實，別人比你想像的更喜歡你

遺憾的是，內向者很容易陷入一種惡性循環。他們經常難以克服害羞，因為他們往往會低估自身的魅力，也拙於辨識他人給予的正面信號。

我們常會低估他人對我們的好感，這點同樣也適用於外向者，誠如康乃爾大學、哈佛大學與艾塞克斯大學的科學家，在一項快速約會實驗中所證實的那樣。只不過如果一個人越害羞，不易察覺對方表達好感的風險也越大。而經常在社交評估上發生失誤，也有可能阻礙人際進展。

在他們的實驗中，科學家要求彼此互不認識的人先聊五分鐘，接著再請他們評估，對方對他們的好感度如何，以及他們是否願意進一步認識對方。此外，受試者還得思考，對方可能會如何評價他們。

實驗結果顯示：受試者普遍都低估了對方給自己的評價。相較之下，未曾參與對話的第三者在觀看對話的錄影時，反倒很能分辨出誰對誰有好感。人們顯然對自己太過嚴苛了。

其中一位科學家瑪格麗特・克拉克（Margaret Clark）指出：「這種認知差距很有可能是出於自我保護的心態，在不確定對方如何看待自己之前，我們會先替自己打預防針，採取悲觀的態度，不願假設他人會喜歡我們。」

內向的人尤其會低估自己予人的印象，或許這就是為何他們會很害羞的緣故。如果他們曉得自己予人的印象實際上是如何，或許會成為促使他們更頻繁與人互動的誘因。

即使年老，還是可以活成自己喜歡的樣子

總體而言，缺乏動力可能是我們的行為經常墨守成規與因循守舊的原因之一。烏蘇拉・施陶丁格深信，如果人們能獲得更多的回報，在人生過程中就會發生更多的改變。

我們往往都會維持自己目前的樣態，一來，這樣很自在；其次，我們害怕嘗試新的事物，因為我們擔心後果可能會比我們所熟悉的一切還糟；三來，由於我們很少去做嘗試，所以也無從得知，在行為、思想和反應上發生的改變會對自己產生多大的好處。

施陶丁格認為，社會能讓改變更有吸引力。特別是對於老年人，「少有能夠刺激他們繼續成長的動力」，這位高齡者專家暨發展心理學家抱怨道。她深信，如果我們能在職場、社會以及人生的下半場，對於投身新事物有興趣，同時學習相應的必要技能，那麼未來的研究人員就會在剛成年者之外的成人身上，發現更多的性格發展。

施陶丁格早已在針對六十歲以上人士所做的研究中揭示，性格具有極大的可塑性。這些年逾六十的長者，參與一項德國聯邦社會事務部擔任志工的計畫，接受三次為期三天的訓練，在過程中，他們學習如何反思自我，並深入分析在志願服務中擔任的新角色，進而了解自身的優缺點，專注於自我期許。在培訓結束後過了一年，那些退休人士的性格在「開放性」方面都有顯著的增長。

不過，人們其實同樣也能在家裡某個安靜的空間，練習對「改變」抱持開放的態度。根據佛萊徹、派恩與利特所言，其中一個方法是，在日常生活中有意識地打破某些習慣，偶爾嘗試新的做法。我們甚至可以藉由極為簡單的練習來做到這點。聖路易斯華盛頓大學的性格心理學家約書亞・傑克遜（Joshua Jackson），就曾讓老年人每天以填字遊戲或數獨遊戲的形式，完成一些認知方面的任務，此舉同樣也改變了他們對於新經驗的開放態度。

挑戰不熟悉的任務，在完成任務後能獲得激勵，這些情況對於自我成長都很重要；當然，一個人具備完成這些特定任務的相應能力，也是關鍵原因。人們需要自我效能的信念或是內在的控制信念，將自己的命運掌握在自己手中，而非任由新挑戰擺布。

歷史終結的錯覺

然而，如果人們在腦中存有「我就是這樣」的想法，就不太會相信自己擁有改變的力量，發展可能性也將趨近於零。儘管人們有時會意識到自己在最近幾年有所改變，但他們依然無法想像未來。巴塞隆納ESADE商學院的組織行為學教授喬迪・奎德巴赫（Jordi Quoidbach），曾在一項有趣的實驗中揭示了這點。

他請一萬九千位年齡介於十八到六十八歲的受試者完成一項性格測驗。接著，請半數的受試者想像十年前的自己；也請另一半的受試者想像十年後的自己。然後再請所有受試者從這樣的視角出發再做一次性格測驗。結果十分有趣：無論受試者的年紀有多大，他們都認為在過去的十年裡，自己有顯著的改變。那麼未來十年的進一步發展呢？受試者多半相信，基本上他們都會維持現狀。

覺得自己跟過去比起來改變了很多，但未來只會有些許改變，以為最好的狀態已經到來，喬迪•奎德巴赫戲稱這種心理現象為「歷史終結的錯覺」。

實際上，人們的人格特質、偏好與價值觀，會隨著年紀一直在改變。但我們總是習慣高估現狀，以為現在所選擇的、喜歡的人事物，已經比過去好很多，而且未來也不太會改變。奎德巴赫表示，如果我們在想像未來的自己時能更開放，會是很好的事，否則我們只會阻礙自我的發展，還可能會錯估自己。

在第二個實驗中，他詢問了半數的受試者，十年前最喜歡哪個樂團，如今他們又願意花多少錢去聽這個樂團的演唱會。另一方面，他詢問了另一半的受試者，目前他們最喜歡哪個樂團，十年後他們又願意花多少錢去聽這個樂團的演唱會。無論受試者的年紀多大，平均而言，相較於願意為十年前的樂團花的錢，他們願意為十年後的演唱會花的錢遠遠更多。希德斯海姆的發展心理學家維納•格列佛表示，當我們觀察自己的性格時，情況也是如此。他指出：「在回顧過往時，我們往往會發現，我們的改變遠遠超出自己所預期。」

然而，我們到底能夠目標明確地達成多大的改變呢？這是達拉斯南方衛理會大學的內森・哈德遜（Nathan Hudson）研究多年的主題。如同布萊恩・利特的例子，他也發現：「如果人們受到激勵，又或參與某些自己能有所幫助的計畫，他們就能改變自己的性格特質。」哈德遜的目標正是研究這類計畫。不久前，他又發表另一項廣受矚目的研究，在這項研究中，他要求所有依然堅信性格穩定性的人，對於某些出人意料的事物抱持十分開放的態度。

改變人格的訓練

哈德遜在二〇一五年時端出了第一個大驚喜。當時他召集了三百名學生，做了一個雙重研究，他想知道，是否人們有可能自願地改變性格。為此，他將受試者分成了幾組。他詢問其中的一百三十一名受試者，他們想要改變自己的性格到何種程度，還讓他們擬定一個「改變計畫」。他們必須每週做一次性格測驗，連續進行十六次，藉以檢驗是否達成自己所設定的目標。事實證明，他們的個性的確朝著期望的方向改變。

相對地，如果只是單純打算有所改變，或是含糊地寫下自己如何能夠達成目標（例如，如果受試者想讓自己更外向，或許會寫「更愛交際」），這對受試學生的轉變將毫無幫助。他們的想法必須更具體。舉例來說，他們應該擬定一些十分明確的計畫，像是「詢問茱莉，週四下午是否願意一起喝個咖啡？」他們也該採取「若……則……」的思考法，像是「如果我對室友說的某些話覺得超火大，我會把自己的感受告訴對方。」這能顯著提高計畫的成功率，有時甚至還能讓成功率倍增。

近來哈德遜更開發出了一套名副其實的「改變計畫」（Change Program）；他對三百七十七名心理系的學生進行為期十五個星期的測試。其中絕大多數的參與者都希望，自己能夠變得更情緒穩定或更外向；至於變得更親和，這點顯然對他們最沒有吸引力。他們每週都得從自己所列的五十項挑戰中選出四項，這些挑戰旨在幫助他們達成自己的目標。此外，他們每週也都得做一次性格測驗。

所有的挑戰都是十分具體的任務，也根據難易度做了分類。如果某人想要變得更外向，而且打算先從一項簡單的任務開始嘗試，那麼他可以選擇在超市對收銀員說「你好」這樣的挑戰。針對外向性另一項更困難的挑戰則是，在咖啡廳裡請某個正在排隊的陌生人喝咖啡；或是，更具挑戰性的，例如在某項企畫案志願擔任負責人，或是在群體的休閒活動中規劃一場徒步旅行。較難的挑戰則是，找到一個對某項議題與自己意見相左的人，詢問對方一些問題，藉以更深入理解對方的觀點。

在每星期的結尾，受試者都得說明自己是否達成了這些改變。成功的人會獲得正面的反饋，並收到一項得在未來一週達成的更困難任務。

藉由這種設計，研究人員測試參與者能否透過應對挑戰來改變自己的個性。結果顯示，一個人通過的挑戰越多，性格的改變確實就會越強烈，而且改變也會朝著期望的方向發展；換言之，如果某人想要變得更有責任感，那麼他就會變得更有責任感。在這當中，挑戰的難度其實並沒有那麼重要。很顯然，思想、感覺與行為的模式——簡言之，就是性格——會發生很大的變化，或許甚至有些新的路徑在大腦中形成。

布萊恩・利特指出：「有越來越多的證據表明，大腦裡的神經細胞會重新排列。」因此，性格賴以為基礎的某些神經機制也可能被重組，激發如下列的良性循環：目標導致行為改變；行為改變影響了自我概念；被改變的自我概念又促發進一步的行為改變；就這麼持續循環下去。到了最後，甚至就連想要自我改變的慾望也都免了。參與受試的學生也都感到很滿意。

行動越多，改變越大

無疑地，這只是一個令人期待的新研究方向的初步成果，為了提供更加可靠的成果，研究也必須改良。

舉例來說，在哈德遜的研究裡，只是讓受試學生陳述自己的情況。他們有可能會因為改變是他們自己所期待的，或是因為他們覺得自己有義務這麼做，就做出自己已經有所改變的陳述。他人是否也看出了那些性格改變呢？那些性格改變是持久的嗎？非常好奇地關注哈德遜研究工作的布萊恩・利特表示：「這我們就不得而知了。」

不過，有件事倒是頗具說服力，那就是參與者在計畫結束時的滿意度。光憑這點，就值得我們充分利用行為的多變性，去檢驗一個人這麼做會如何。或許，改變人格特質是真有可能的事。

不過，請小心！人們若是接受挑戰，但卻無法通過挑戰，在哈德遜的實驗中，他們反而會朝相反的方向發展。這位心理學家警告說，所以千萬不要勉強自己！事實上，設定切合現實的目標非常重要，因為失敗會提高挫折感，降低對於自我效能的期望。此外，這也會鞏固我們的負面信念。

擬定符合現實的具體計畫

如果一個人得向某個陌生人做自我介紹，但他就是害怕付諸行動，在勉強自己去做後，他可能就會認為自己比以前還要內向。哈德遜表示：「人們可能會因而變得意志消沉，導致他們原本的性格更為彰顯。單單只是『希望改變』與『擬定計畫』是不夠的，人們還得付諸行動，並堅持下去。」

是以，為了保險起見，在種種的挑戰中總要提醒一下當事人：萬一你向他揮手致意的那個人沒有也向你揮手致意，「don't worry」，別擔心；萬一在餐廳裡沒人願意讓你為他們付咖啡錢，「no matter」，沒關係。這只是涉及到某人自己，只是涉及到去了解一下，我們可以玩出的行為方式多樣性有多大。

擁抱拒絕，你會變得更勇敢

除了這種認知策略（「保持冷靜，不要激動！」）以外，還有其他的技巧可以用來對抗負面的體驗。有個勇敢的方法就是：把失敗考慮在內。或者，人們甚至可以為了適應可怕的感覺而刻意針對性地做些挑戰。至少傑森・柯莫利（**Jason Comely**）就是這樣通過一項自我實驗。

這位加拿大的網頁設計師受夠了自己的膽怯，他覺得自己太過害羞。就在他四十歲生日後不久，他發現自己之所以不喜歡與人接觸，其實是因為他非常害怕遭到拒絕，常擔心人們會給他不友善的回應。這對他的生活造成了極大的影響，以至於有一天他終於決定不要再害怕了，而他也真的說到做到。

柯莫利進行了一場徹底的對抗療法——他幾乎每天都在尋求拒絕。一開始，他詢問一位正準備開車的陌生人，是否願意載他一程。後來，他會請推銷員把他想買的東西便宜一點賣給他，他甚至還會邀請陌生的女性和他一起外出。

他驚訝地發現：他越常遭受（往往是被惹怒的）陌生人的拒絕，被拒絕對他的傷害就越小，這使他變得更加勇敢。此外，他還有個新發現：他表現得越外向，人們就越有可能會答應他的請求，就算是著實怪異的請求也一樣。「人們比我所預期的更願意去做我要求他們做的事，」柯莫利表示，「我發現，我的舒適圈太小了，它就像是一個籠子，使我無法嘗試很多可能性。」如今他把這個籠子越擴越大。藉由把「遭拒」變成他想要而非害怕的事情，柯莫利改變了自己。

你就是自己最大的敵人

然而，除了我們的恐懼和貪圖安逸以外，正面、成熟的性格最大的障礙其實是悲觀主義。我們越是相信命運的不可改變，就越難自己掌握命運。因此更重要的是，要吸收「性格並非固定不變」的知識。

長久以來，我們的父母、朋友以及心理學家都告訴我們，我們的個性是固定的。佛洛伊德確實曾為這個世界做出不少貢獻，然而，自從他把「幼年決定一切」這個迄今依然以訛傳訛的論點帶給社會大眾後，我們幾乎不敢不認真對待幼年，也不敢從中解放出來。然而，如果我們想要有所改變，我們其實是有這方面的潛能。

維納・格列佛表示：「這方面有很多的可能。」如果一個人決定要變得有自信，不想總是渴望得到他人的讚美，也不想再讓批評傷害自己，那麼這一切他已掌握了一部分在他自己的手中。他表示：「這並非總是一蹴可幾，我不可能突然做出這個決定。」這就像長大成人，「我只需要不斷嘗試。我越常像成年人那樣行為，我就越有可能成為成年人。我經常那麼做，我就會變成那樣。」人們往往過於壓抑，只因他們自己不相信改變。我們的個性可在其中盡情發展的空間，其實遠比我們所想像的還要大。

在利特看來，可以肯定的是：「我們不是環境或基因的受害者，我們可以在一定的程度上，自由選擇我們的行為方式。」我們的性格會明顯影響身心健康，到頭來，所關乎的還是：我們想要對自身的性格（也就是我們的思想、情感和行為；簡言之，我們對自己和世界的反應）感到自在。我們希望自己與他人都能感受到尊重或敬重，也希望能夠盡可能將它們表達出來。我們還希望能以正向的態度去面對人生帶來的種種任務與挑戰。

如果個性是可以改變的，而且我們也能影響自己繼續發展的方向，那麼最重要的就是：這是一個巨大的契機。

Psychology and Aging, Bd. 27, Nr. 4, p. 855–866.
Jackson JJ et al. (2012): Can an old dog learn (and want to experience) new tricks? Cognitive training increases openness to experience in older adults. *Psychology and Aging*, Bd. 27, Nr. 2, p. 286–292.
Quoidbach J, **Gilbert DT** and **Wilson TD** (2013): The end of history illusion. *Science*, Bd. 339, p. 96–98.

＞透過挑戰，改變個性

Hudson N and **Fraley R** (2015): Volitional personality trait change: Can people choose to change their personality traits? *Journal of Personality and Social Psychology*, Bd. 109, Nr. 3, p. 490–507.
Hudson NW et al. (2019): You have to follow through: Attaining behavioral change goals predicts volitional personality change. *Journal of Personality and Social Psychology*（本書截稿時尚未付梓）。

>人不能只是「活著」，更要找出對你有意義的事

Schultheiss OC and **Brunstein JC** (edited, 2010): Implicit motives, Oxford University Press, New York, NY.

Roch R, **Rösch A** and **Schultheiss O** (2017): Enhancing congruence between implicit motives and explicit goal commitments: Results of a randomized controlled trial. *Frontiers in Psychology*, Bd. 8, Nr. 1540.

Largo R (2017): Das passende Leben: Was unsere Individualität ausmacht und wie wir sie leben können. S. Fischer Verlag, Frankfurt am Main.

Kalbitzer J (2018): Das Geschenk der Sterblichkeit: Wie die Angst vor dem Tod zum Sinn des Lebens führen kann. Blessing Verlag, München.

Specht J（與**Pritlove T**對談）(2018): Über unsere Persönlichkeit und den Wert der Unterschiede. Forschergeist – Horizonte für Bildung und Forschung (Podcast).

>針對「自我」的訓練

Boothby EJ et al. (2018): The liking gap in conversations: Do people like us more than we think? *Association for Psychological Science*, Bd. 29, Nr. 11, p. 1742–1756.

>即使年老，還是可以活成自己喜歡的樣子

Mühlig-Versen A, **Bowen CE** and **Staudinger UM** (2012): Personality plasticity in later adulthood: Contextual and personal resources are needed to increase openness to new experiences.

countries. *Philosophical Psychology*, Bd. 32, Nr. 4, p. 532–559.

Fletcher B, **Pine K** and **Penman D** (2007): The no diet diet: Do something different. Orion, London.

Fletcher B et al. (2011): FIT – Do Something Different: A new psychological intervention tool for facilitating weight loss. *Swiss Journal of Psychology*, Bd. 70, Nr. 1, p. 25–34.

＞個性也能「弄假成真」

James W (1884): What is an emotion? *Mind*, Bd. 9, p. 188–205.

＞你認識的自己，可能只是假象

Hudson NW and **Roberts BW** (2014): Goals to change personality traits: Concurrent links between personality traits, daily behavior, and goals to change oneself. *Journal of Research in Personality*, Bd. 53, p. 68–83.

Liu J, **Chen X**, **Coplan RJ**, **Ding X**, **Zarbatany L** and **Ellis W** (2015): Shyness and unsociability and their relations with adjustment in Chinese and Canadian children. *Journal of Cross-Cultural Psychology*, Bd. 46, Nr. 3, p. 371–386.

Bronfman ZZ et al. (2015): Decisions reduce sensitivity to subsequent information. *Proceedings of the Royal Society B*, Bd. 282, p. 20150228.

Talluri B et al. (2018): Confirmation bias through selective over-weighting of choice-consistent evidence. *Current Biology*, Bd. 28, p. 31283135-e8.

＞睡不好會讓腦細胞受損

Yoo SS et al. (2007): The human emotional brain without sleep – a prefrontal amygdala disconnect. *Current Biology*, Bd. 17, Nr. 20, p. 877–878.

Yoo SS et al. (2007): A deficit in the ability to form new human memories without sleep. *Nature Neuroscience*, Bd. 10, Nr. 3, p. 385–392.

六、與其「發現自我」，不如「創造自我」

＞不只順性而為，更要超越個性

Little BR (2014): Me, Myself, and us. The science of personality and the art of well-being. Public Affairs, New York, NY.

Cain S (2011): Still. Die Bedeutung von Introvertierten in einer lauten Welt, Riemann Verlag, München.

＞人無法用相同的自己，得到不同的未來

Fletcher B and **Pine K** (2012): Flex. Do something different. How to use the other 9/10ths of your personality. University of Hertfordshire Press, Hatfield.

Tang TZ et al. (2009): A placebo-controlled test of the effects of paroxetine and cognitive therapy on personality risk factors in depression. *Archives of General Psychiatry*, Bd. 66, Nr. 12, p. 1322–1330.

Schönegger P and **Wagner J** (2019): The moral behavior of ethics professors: A replication-extension in German-speaking

microbiota, and mental health: Ancient practice meets nutritional psychiatry. *Journal of Physiological Anthropology*. Bd. 33, Nr. 1, p. 2.

＞睡得好，人生是彩色的

Roll E (2014): Na dann gute Nacht. *SZ Magazin*, 11. April.

Möller-Levet CS et al. (2013): Effects of insufficient sleep on circadian rhythmicity and expression amplitude of the human blood transcriptome. *Proceedings of the National Academy of Sciences of the USA*, Bd. 110, Nr. 12, p. E1132–E1141.

Minkel JD et al. (2012): Sleep deprivation and stressors: Evidence for elevated negative affect in response to mild stressors when sleep deprived. *Emotion*, Bd. 12, Nr. 5, p. 1015–1020.

Venkatraman V et al. (2011): Sleep deprivation biases the neural mechanisms underlying economic preferences. *Journal of Neuroscience*, Bd. 31, Nr. 10, p. 3712–3718.

Lejuez CW et al. (2002): Evaluation of a behavioral measure of risk taking: The Balloon Analogue Risk Task (BART). *Journal of Experimental Psychology*: Applied, Bd. 8, p. 75–84.

White TL, **Lejuez CW** and **de Wit H** (2008): Test-retest characteristics of the Balloon Analogue Risk Task (BART). *Experimental and Clinical Psychopharmacology*, Bd. 16, p. 565–570.

Petrovsky N et al. (2014): Sleep deprivation disrupts prepulse inhibition and induces psychosis-like symptoms in healthy humans. *Journal of Neuroscience*, Bd. 34, Nr. 27, p. 9134–9140.

Simon EB and **Walker MP** (2018): Sleep loss causes social withdrawal and loneliness. *Nature Communications*, Bd. 9, p. 3146.

Sudo N et al. (2004): Postnatal microbial colonization programs the hypothalamic-pituitary-adrenal system for stress response in mice. *Journal of Physiology*, Bd. 558, Nr. 1, p. 263–275.

Cryan JF and **Dinan TG** (2012): Mind-altering microorganisms: The impact of the gut microbiota on brain and behaviour. *Nature Reviews Neuroscience*, Bd. 13, Nr. 10, p. 701–712.

Cryan JF and **Dinan TG** (2019): Talking about a microbiome revolution. *Nature Microbiology*, Bd. 4, Nr. 4, p. 552–553.

>大腦也會聽腸道的話

Hsiao EY et al. (2013): Microbiota modulate behavioral and physiological abnormalities associated with neurodevelopmental disorders. *Cell*, Bd. 155, Nr. 7, p. 1451–1463.

Braniste V et al. (2014): The gut microbiota influences blood-brain barrier permeability in mice. *Science Translational Medicine*, Bd. 6, Nr. 263, p. 263ra158.

Yano JM et al. (2015): Indigenous bacteria from the gut microbiota regulate host serotonin biosynthesis. *Cell*, Bd. 161, Nr. 2, p. 264–276.

Valles-Colomer M et al. (2019): The neuroactive potential of the human gut microbiota in quality of life and depression. *Nature Microbiology*, Bd. 4, Nr. 4, p. 623–632.

Kaelberer MM et al. (2018): A gut-brain neural circuit for nutrient sensory transduction. *Science*, Bd. 361, Nr. 6408, p. eaat5236.

>你吃的食物，決定你是什麼樣的人

Selhub EM, **Logan AC** and **Bested AC** (2014): Fermented foods,

Pearsall P, **Schwartz GE** and **Russek LG** (1999): Changes in heart transplant recipients that parallel the personalities of their donors. *Integrative Medicine*, Bd. 2, Nr. 2/3, p. 65–72.

＞腸道、飲食與情緒

Köhler-Forsberg O et al. (2019): A nationwide study in Denmark of the association between treated infections and subsequent risk of treated mental disorders in children and adolescents. *JAMA Psychiatry*, Bd. 76, Nr. 3, p. 271–279.

Kechagias S et al. (2008): Fast-food-based hyper-alimentation can induce rapid and profound elevation of serum alanine aminotransferase in healthy subjects. *Gut*, Bd. 57, p. 649–654.

Blomkvist M (2006): Only another 5,500 calories to go .. . *Guardian*, 7. September.

Tillisch K et al. (2013): Consumption of fermented milk product with probiotic modulates brain activity. *Gastroenterology*, Bd. 144, Nr. 7, p. 1394–1401.

Reynolds CF III et al. (2014): Early intervention to preempt major depression in older black and white adults. *Psychiatry Services*, Bd. 65, Nr. 6, p. 765–773.

Sánchez-Villegas A et al. (2013): Mediterranean dietary pattern and depression: The PREDIMED randomized trial. *BMC Medical*, Bd. 11, p. 208.

Bercik P et al. (2011): The anxiolytic effect of Bifidobacterium longum NCC3001 involves vagal pathways for gut–brain communication. *Neurogastroenterology & Motility*, Bd. 23, Nr. 12, p. 1132–1139.

五、那些意想不到的性格影響力

Souza Moura AM de et al. (2015): Comparison among aerobic exercise and other types of interventions to treat depression: A systematic review. *CNS & Neurological Disorders – Drug Targets*, Bd. 14, Nr. 9, p. 1171–1183.

> 腦創傷後判若兩人

Grattan LM (2001): Empirical study of personality change after stroke. Stroke, Bd. 32, p. 318–319.

King ML et al. (2017): Neural correlates of improvements in personality and behavior following a neurological event. *Neuropsychologia*, S0028-3932(17)30445-1.

> 與中風有關的奇人奇事

Rolff M (2014): Auf einen Schlag. *Süddeutsche Zeitung*, 7. June.

Lythgoe MFX et al. (2005): Obsessive, prolific artistic output following subarachnoid hemorrhage. *Neurology*, Bd. 64, Nr. 2, p. 397–398.

> 心臟會重整

Bunzel B et al. (1992): Does changing the heart mean changing personality? A retrospective inquiry on 47 heart transplant patients. *Quality of Life Research*, Bd. 1, Nr. 4, p. 251–256.

Svenaeus F (2012): Organ transplantation and personal identity: How does loss and change of organs affect the self? *Journal of Medicine and Philosophy*, Bd. 37, Nr. 2, p. 139–158.

Boyce CJ et al. (2015): Personality change following unemployment. *Journal of Applied Psychology*, Bd. 100, p. 991–1011.

>自我，就是我們經驗的總和

Specht J, **Egloff B** and **Schmukle SC** (2013): Everything under control? The effects of age, gender, and education on trajectories of perceived control in a nationally representative German sample. *Developmental Psychology*, Bd. 49, p. 353–364.

Specht J（與**Pritlove T**對談）(2018): Über unsere Persönlichkeit und den Wert der Unterschiede. Forschergeist – Horizonte für Bildung und Forschung (Podcast).

Acker-Palmer A er al. (2016): Neurobiologie der Resilienz gegenüber stressinduzierter psychischer Dysfunktion: Mechanismen verstehen und Prävention fördern. Sonderforschungsbereich 1193.

Briley DA, **Tucker-Drob EM** (2017): Comparing the developmental genetics of cognition and personality over the life span. *Journal of Personality*, Bd. 85, p. 51–64.

Kandler C et al. (2011): Life events as environmental states and genetic traits and the role of personality: A longitudinal twin study. *Behavior Genetics*, Bd. 42, p. 57–72.

Srivastava S et al. (2003): Development of personality in early and middle adulthood: Set like plaster or persistent change? *Journal of Personality and Social Psychology*, Bd. 84, p. 1041–1053.

major life events on mean-level and rank-order stability of the big five. *Journal of Personality and Social Psychology*, Bd. 101, Nr. 4, p. 862–882.

Finn C, **Mitte K** and **Neyer FJ** (2015): Recent decreases in specific interpretation biases predict decreases in neuroticism: Evidence from a longitudinal study with young adult couples, *Journal of Personality*, Bd. 83, p. 274–286.

Lüdtke O et al. (2011): A random walk down university avenue: Life paths, life events, and personality trait change at the transition to university life. *Journal of Personality and Social Psychology*, Bd. 101, p. 620–637.

Golle J et al. (2019): School or work? The choice may change your personality. *Psychological Science*, Bd. 30, Nr. 1, p. 32–42.

Niehoff E, **Petersdotter L** and **Freund PA** (2017): International sojourn experience and personality development: Selection and socialization effects of studying abroad and the big five. *Personality and Individual Differences*, Bd. 112, p. 55–61.

Berndt C (2016): Zufriedenheit – Wie man sie erreicht und warum sie lohnender ist als das flüchtige Glück. dtv Verlagsgesellschaft, München.

Berndt C (2013): Resilienz – Das Geheimnis der psychischen Widerstandskraft. Was uns stark macht gegen Stress, Depressionen und Burn-out. dtv Verlagsgesellschaft, München

Lu JG et al. (2017): The dark side of going abroad: How broad foreign experiences increase immoral behavior. *Journal of Personality and Social Psychology*, Bd. 112, p. 1–16.

Avinum R and **Knafo A** (2013): The Longitudinal Israeli Study of Twins (LIST) – An integrative view of social development. *Twin Research and Human Genetics*, Bd. 16, Nr. 1, p. 197–201.

>父母和孩子，都希望對方活成自己期待的樣子

Avinum R and **Knafo A** (2014): Parenting as a reaction evoked by children's genotype: a meta-analysis of children-as-twins studies. *Personality and Social Psychology Review*. Bd. 18, Nr. 1, p. 87–102.

Harris JR (1998): The nurture assumption: Why children turn out the way they do. Bloomsbury, London.

>所有關係的交互作用

Manstead ASR (2018): The psychology of social class: How socioeconomic status impacts thought, feelings, and behaviour. *British Journal of Social Psychology*, Bd. 57, p. 267–291.

Sinclair S et al. (2005): Social tuning of automatic racial attitudes: The role of affiliative motivation. *Journal of Personality and Social Psychology*, Bd. 89, Nr. 4, p. 583–592.

Greenwald AG, **McGhee DE** and **Schwartz JLK** (1998): Measuring individual differences in implicit cognition: The implicit association test. *Journal of Personality and Social Psychology*, Bd. 74, Nr. 6, p. 1464–1480.

>正面和負面的外在影響

Specht J, **Egloff B** and **Schmukle SC** (2011): Stability and change of personality across the life course: The impact of age and

zur Lösung (fast) aller Probleme. Kailash Verlag, München.
Berntsen D and **Rubin DC** (2002): Emotionally charged autobiographical memories across the life span: The recall of happy, sad, traumatic and involuntary memories. *Psychology and Aging*, Bd. 17, Nr. 4, p. 636–652.
Berntsen D, **Rubin DC** and **Siegler IC** (2011): Two versions of life: Emotionally negative and positive life events have different roles in the organization of life story and identity. *Emotion*, Bd. 11, p. 1190–1201.
LeVine S and **LeVine RA** (2016): Do parents matter?: Why Japanese babies sleep soundly, Mexican siblings don't fight, and American families should just relax, Public Affairs, New York, NY.
Scarr S and **McCartney K** (1983): How people make their own environments: A theory of genotype environment effects. *Child Development*, Bd. 54, Nr. 2, p. 424–435.
Barnes JC et al. (2014): Demonstrating the validity of twin research in criminology. *Criminology*, Bd. 52, p. 588–626.
Barnes JC et al. (2013): Analyzing the origins of childhood externalizing behavioral problems. *Developmental Psychology*, Bd. 49, p. 2272–2284.
Barnes JC et al. (2014): On the consequences of ignoring genetic influences in criminological research. *Journal of Criminal Justice*, Bd. 42. p. 471–482.
Boutwell BB and **White MA** (2019): Gene regulation and the architecture of complex human traits in the genomics era. *Current Opinion in Psychology*, Bd. 27, p. 93–97.

nach Costa und McCrae (NEO-FFI). Verlag Hogrefe, Göttingen. 2. edition.

Johnson JA (2014): Measuring thirty facets of the five factor model with a 120-item public domain inventory: Development of the IPIP-NEO-120. *Journal of Research in Personality*, Bd. 51, p. 78–89. 可至以下網址查詢：https://www.personal.psu.edu/~j5j/IPIP/（最後一次瀏覽於31.07.2019）。

四、為什麼我們一生注定受他人影響？

Strittmatter K (2019): Reifeprüfung, *Süddeutsche Zeitung*, 27. April.

Thunberg G and **S, Ernman B** and **M** (2019): Szenen aus dem Herzen. Unser Leben für das Klima. S. Fischer Verlag, Frankfurt am Main.

＞我們與世界是共鳴系統

Reheis F (2019): Die Resonanzstrategie. Warum wir Nachhaltigkeit neu denken müssen. Oekom-Verlag, München.

Pérez A, **Carreiras M** and **Duñabeitia JA** (2017): Brain-to-brain entrainment: EEG interbrain synchronization while speaking and listening. *Scientific Reports*, Bd. 7, Nr. 4190.

Verhaeghe P (2013): Und ich? Identität in einer durchökonomisierten Gesellschaft. Kunstmann Verlag, München.

＞基因比教養更具影響力

Stahl S (2015): Das Kind in dir muss Heimat finden. Der Schlüssel

110, Nr. 15, p. 5802–5805.

Youyou W, **Kosinski M** and **Stillwell D** (2015): Computer-based personality

judgments are more accurate than those made by humans. *Proceedings of the National Academy of Sciences of the USA*, Bd. 112, Nr. 4, p. 1036–1040.

Grassegger H and **Krogerus M** (2016): Ich habe nur gezeigt, dass es die Bombe gibt. *Das Magazin*, 3. December: https://www.dasmagazin.ch/2016/12/03/ich-habe-nur-gezeigt-dass-es-die-bombe-gibt/（最後一次瀏覽於31.07.2019）。

Matz SC et al. (2017): Psychological targeting as an effective approach to digital mass persuasion. *Proceedings of the National Academy of Sciences of the USA*, Bd. 114, Nr. 48, p. 12714–12719.

Wang Y and **Kosinski M** (2018): Deep neural networks are more accurate than humans at detecting sexual orientation from facial images. *Journal of Personality and Social Psychology*, Bd. 114, Nr. 2, p. 246–257.

> 自我測驗：我有怎樣的性格？

Costa PT and **McCrae RR** (1992). Neo PI-R professional manual. *Psychological Assessment Resources*, Odessa (Florida), USA.

Costa PT and **McCrae RR** (1992): Revised NEO Personality Inventory (NEO-PI-R) and NEO Five-Factor Inventory (NEO-FFI) manual. *Psychological Assessment Resources*, Odessa (Florida), USA.

Borkenau P and **Ostendorf F** (2008): NEO-Fünf-Faktoren-Inventar

> 老人總是討人厭？

Sussman AF et al. (2014): Tenure in current captive settings and age predict personality changes in adult pigtailed macaques. *Animal Behaviour*, Bd. 89, p. 23–30.

Eckardt W et al. (2015): Personality dimensions and their behavioral correlates in wild Virunga mountain gorillas (*Gorilla beringei beringei*). *Journal of Comparative Psychology*, Bd. 129, p. 26–41.

Berg AI and **Johansson B** (2014): Personality change in the oldest-old: Is it a matter of compromised health and functioning? *Journal of Personality*, Bd. 82, Nr. 1, p. 25–31.

Specht J (2015): Psychologie des hohen Lebensalters. In: *Aus Politik und Zeitgeschichte*, Bd. 38/39, p. 3–10.

> 五大性格特質分析

McCrae RR and **Costa PT** (1987): Validation of the five-factor model of personality across instruments and observers. *Journal of Personality and Social Psychology*, Bd. 52, Nr. 1, p. 81–90.

Borkenau P and **Ostendorf F** (2008): NEO-Fünf-Faktoren-Inventar nach Costa und McCrae (NEO-FFI). Verlag Hogrefe, Göttingen. 2. edition.

三、想解密他人，就靠數位足跡

Kosinski M, **Stillwell D** and **Graepel T** (2013): Private traits and attributes are predictable from digital records of human behavior. *Proceedings of the National Academy of Sciences of the USA*, Bd.

ries of perceived control in a nationally representative German sample. *Developmental Psychology*, Bd. 49, p. 353–364.

Specht J, **Luhmann M** and **Geiser C** (2014): On the consistency of personality types across adulthood: latent profile analyses in two large-scale panel studies. *Journal of Personality and Social Psychology*, Bd. 107, p. 540–556.

Robins RW et al. (1996): Resilient, overcontrolled, and undercontrolled boys: Three replicable personality types. *Journal of Personality and Social Psychology*, Bd. 70, p. 157–171.

Polderman TJ et al. (2015): Meta-analysis of the heritability of human traits based on fifty years of twin studies. *Nature Genetics*, Bd. 47, p. 702–709.

Bleidorn W et al. (2009): Patterns and sources of adult personality development: Growth curve analyses of the NEOPI-R scales in a longitudinal twin study. *Journal of Personality and Social Psychology*, Bd. 97, p. 142–155.

> 我們的決定，決定了我們

Specht J, **Egloff B** and **Schmukle SC** (2011): Stability and change of personality across the life course: The impact of age and major life events on mean-level and rank-order stability of big five. *Journal of Personality and Social Psychology*, Bd. 101, p. 862–882.

Specht J (2017): Personality Development Across the Lifespan. Academic Press. Elsevier, Cambridge.

Bd. 84, p. 922–948.
Leary, **M** (2007): The curse of the self: Self-awareness, egotism, and the quality of human life. Oxford University Press, New York, NY.

＞自我測驗：我有多真實？

Kernis MH and **Goldman BM** (2006): A multicomponent conceptualization of authenticity: Theory and research. *Advances in Experimental Social Psychology*, Bd. 38, p. 283–357. © Elsevier Inc. 友情授權使用；本書作者親譯。

二、性格養成計畫

＞個性從何而來？

McCrae RR and **Costa PT** (1987): Validation of the five-factor model of personality across instruments and observers. *Journal of Personality and Social Psychology*, Bd. 52, Nr. 1, p. 81–90.
Gosling SD, **Kwan VSY** and **John OP** (2003): A dog's got personality: A cross-species comparative approach to personality judgments in dogs and humans. *Journal of Personality and Social Psychology*, Bd. 85, Nr. 6, p. 1161–1169.
Caspi A and **Silva PA** (1995): Temperamental qualities at age three predict personality traits in young adulthood: Longitudinal evidence from a birth cohort. *Child Development*, Bd. 66, Nr. 2, p. 486–498.
Specht J, **Egloff B** and **Schmukle SC** (2013): Everything under control? The effects of age, gender, and education on trajecto-

1393.

> 真實的人更快樂、更有韌性

Goldman BM and **Kernis MH** (2002): The role of authenticity in healthy psychological functioning and subjective well-being. *Annals of the American Psychotherapy Association*, Bd. 5, Nr. 6, p. 18–20.

Berndt C (2016): Zufriedenheit – Wie man sie erreicht und warum sie lohnender ist als das flüchtige Glück. dtv Verlagsgesellschaft, München.

Berndt C (2013): Resilienz – Das Geheimnis der psychischen Widerstandskraft. Was uns stark macht gegen Stress, Depressionen und Burn-out. dtv Verlagsgesellschaft, München.

Kernis MH and **Goldman BM** (2006): A multicomponent conceptualization of authenticity: Theory and research. *Advances in Experimental Social Psychology*, Bd. 38, p. 283–357.

Wickham RE (2013): Perceived authenticity in romantic partners. *Journal of Experimental Social Psychology*, Bd. 49, p. 878–887.

Brown KW and **Ryan RM** (2003): The benefits of being present: Mindfulness and its role in psychological well-being. *Journal of Personality and Social Psychology*, Bd. 84, p. 922–948.

Cohen S, **Kamarck T** and **Mermelstein R** (1983): A global measure of perceived stress. *Journal of Health and Social Behavior*, Bd. 24, p. 385–396以及**Brown KW** and **Ryan RM** (2003): The benefits of being present: Mindfulness and its role in psychological well-being. *Journal of Personality and Social Psychology*,

＞典型性格中的非典型個性

Fleeson W (2001): Toward a structure- and process-integrated view of personality: Traits as density distribution of states. *Journal of Personality and Social Psychology*, Bd. 80, Nr. 6, p. 1011–1027.

Fleeson W (2007): Situation-based contingencies underlying trait-content manifestation in behavior. *Journal of Personality*, Bd. 75, Nr. 4, p. 825–861.

Schachter S and **Singer J** (1962): Cognitive, social, and physiological determinants of emotional state. *Psychological Review*, Bd. 69, Nr. 5, p. 379–399.

＞我們欺騙自己，以便欺騙別人

Kernis MH and **Goldman BM** (2006): A multicomponent conceptualization of authenticity: Theory and research. *Advances in Experimental Social Psychology*, Bd. 38, p. 283–357.

Mehra A, **Kilduff M** and **Brass DJ** (2001): The social networks of high and low self-monitors: Implications for the workplace performance. *Administrative Science Quarterly*, Bd. 46, Nr. 1, p. 121–146.

Fleeson W and **Wilt J** (2010): The relevance of Big Five trait content in behavior to subjective authenticity: Do high levels of within-person behavioral variability undermine or enable authenticity achievement? *Journal of Personality*, Bd. 78, Nr. 4, p. 1353–1382.

Sheldon KM et al. (1997): Trait self and true self: Cross-role variation in the Big Five personality traits and its relations with psychological authenticity and subjective well-being. *Journal of Personality and Social Psychology*. Bd. 73, Nr. 6, p. 1380–

gelingender Lebensführung, Springer Spektrum, Heidelberg.

Breithaupt F (2014): Vom Ich-Zwang zum Ausreden-Ich. In: Kaufmann V, Schmid U und Thomä D (edited): Das öffentliche Ich: Selbstdarstellungen im literarischen und medialen Kontext, transcript Verlag, Bielefeld, p. 25–38.

King M and **O'Boyle J** (2001): Basic characteristics of life development stages, Center for Cultural Studies & Analysis, Philadelphia, USA.

>靈活變動的自我

Sommers S (2011): Situations matter: Understanding how context transforms your world. Riverhead Books, New York, NY.

Toosi NR et al. (2012): Dyadic interracial interactions: A metaanalysis. *Psychological Bulletin*, Bd. 138, Nr. 1, p. 1–27.

Darley JM and **Batson D** (1973): From Jerusalem to Jericho: A study of situational and dispositional variables in helping behavior. *Journal of Personality and Social Psychology*, Bd. 27, p. 100–108.

Burger JM (2009): Replicating Milgram: Would people still obey today? *The American Psychologist*, Bd. 64, Nr. 1, p. 1–11.

Baron RA (1997): The sweet smell of … helping: Effects of pleasant ambient fragrance on prosocial behavior in shopping malls. *Personality and Social Psychology Bulletin*, Bd. 23, Nr. 5, p. 498–503.

Hannover B and **Kühnen U** (2002): »The clothing makes the self« via knowledge activation. *Journal of Applied Social Psychology*, Bd. 32, Nr. 12, p. 2513–2525.

ction and Assessment, Bd. 13, p. 11–24.

Freund PA and **Kasten N** (2012): How smart do you think you are? A meta-analysis on the validity of self-estimates of cognitive ability. *Psychological Bulletin*, Bd. 138, Nr. 2, p. 296–321.

Taylor, **SE** and **Brown J** (1988): Illusion and well-being: A social psychological perspective on mental health. *Psychological Bulletin*, Bd. 103, Nr. 2, p. 193–210.

Zell E and **Krizan Z** (2014): Do people have insight into their abilities? A metasynthesis. *Perspectives on Psychological Science*, Bd. 9, Nr. 2, p. 111–125.

Borkenau P and **Liebler A** (1993): Convergence of stranger ratings of personality and intelligence with self-ratings, partner ratings, and measured intelligence. *Journal of Personality and Social Psychology*, Bd. 65, Nr. 3, p. 546–553.

Guenther CL and **Alicke MD** (2010): Deconstructing the better-than average effect. *Journal of Personality and Social Psychology*, Bd. 99, p. 755–770.

Heck PR, **Simons DJ** and **Chabris CF** (2018): 65% of Americans believe they are above average in intelligence: Results of two nationally representative surveys. *Public Library of Science*, Bd. 13, Nr. 7, p. e0200103.

Alem Y et al. (2018): Why (field) experiments on unethical behavior are important: Comparing stated and revealed behavior. *Journal of Economic Behavior and Organization*, Bd. 156, p. 71–85.

＞想法決定你是誰

Brandtstädter J (2015): Positive Entwicklung: Zur Psychologie

參考文獻

一、萬事皆可能

＞關於「做自己」這件事

Guldner J (2017): Sei alles, nur nicht du selbst. *Wirtschaftswoche*, 7. December.

Verhaeghe P (2013): Und ich? Identität in einer durchökonomisierten Gesellschaft. Kunstmann Verlag, München.

＞自欺欺人？其實是大腦欺騙了你

Wolfe MB and **Williams TJ** (2018): Poor metacognitive awareness of belief change. *Quarterly Journal of Experimental Psychology*, Bd. 71, Nr. 9, p. 1898-1910.

McFarland C and **Ross M** (1987): The relation between current impressions and memories of self and dating partners. *Personality and Social Psychology Bulletin*, Bd. 13, Nr. 2, p. 228-238.

Furnham A, **Moutafi J** and **Chamorro-Premuzic T** (2005): Personality and intelligence: Gender, the Big Five, self-estimated and psychometric intelligence. *International Journal of Sele-*

Psychology, Grand Valley State University, Allendale, Michigan, USA

Zulley, Jürgen, emeritus Prof. Dr.，曾經擔任University Hospital Regensburg所屬Sleep Medicine Center的主任，目前為生物心理學兼任教授，University of Regensburg

Sudo, Nobuyuki, M.D.，內科醫學教授，Graduate School of Medicine, Kyushu University, Fukuoka, Japan

Taylor, Shelley, Ph. D.，心理學教授，Social Neuroscience Lab, University of California, Los Angeles (California), USA

Tillisch, Kirsten, M. D.，醫學副教授，Department of Integrative Medicine, G. Oppenheimer Center for Neurobiology of Stress and Resilience, University of California, Los Angeles (California), USA

Turkle, Sherry, Ph. D.，科學、技術暨社會學教授，Massachusetts Institute of Technology, Cambridge (Massachusetts), USA

Verhaeghe, Paul, Prof. Dr.，心理學教授，Faculty of Psychology and Education, Department of Psychoanalysis and Clinical Consulting, University Gent, Belgium

Wagner, Johannes, Prof. Dr.，心理學教授，Department of Philosophy, Institute of Psychology, University of Graz, Austria

Walker, Matthew, Ph. D.，神經科學暨心理學教授，Sleep and Neuroimaging Laboratory, University of California, Berkeley (California), USA

Williams, Todd, Ph. D.，心理學教授，Department of Psychology, Grand Valley State University, Allendale (Michigan), USA

Wolfe, Michael, Ph. D.，心理學教授兼系主任，Department of

Silva, Phil, Ph. D.，心理學教授，Dunedin Multidisciplinary Health & Development Research Unit創辦人暨名譽主任，Department of Psychology, University of Otago, New Zealand

Simon, Eti Ben, Ph. D.，心理學教授，Department of Psychology, University of California, Berkeley (California), USA

Singer, Jerome, Ph. D.，前心理學教授，Medical and Clinical Psychology Department, Uniformed Services University, Bethesda (Maryland), USA，於二〇一〇年辭世

Sommers, Sam, Ph. D.，心理學教授，School of Arts and Sciences, Tufts University, Medford and Somerville (Massachusetts), USA

Specht, Jule, Prof. Dr.，心理學教授，Faculty of Life Sciences, Institute for Psychology, Department for Personality Psychology, Humboldt University Berlin

Spinath, Frank, Prof. Dr.，心理學教授，Chair for Differential Psychology and Psychological Diagnostics, Institute for Psychology, Saarland University, Homburg

Staudinger, Ursula, Prof. Dr.，社會醫學暨心理學教授，Columbia Aging Center, Columbia University, New York City (New York), USA

Strüber, Nicole, Dr.，神經生物學家、心理學家暨作家，Institute for Brain Research, University of Bremen

Sandler, Richard, M.D.，小兒胃腸病學家，Rush Medical Center, University of Chicago, Illinois, USA

Sandman, Peter, Ph. D.，美國風險研究員，「環境溝通研究計畫」（Environmental Communication Research Program；簡稱：ECRP）發起人，Rutgers University, New Brunswick (New Jersey), USA

Schachter, Stanley, Ph. D.，前社會心理學教授，Columbia University, New York City (New York), USA，於一九九七年辭世

Schmukle, Stefan, Prof. Dr.，心理學教授，Institute for Psychology, Department for Personality Psychology and Psychological Diagnostics, University of Leipzig

Schönegger, Philipp，哲學博士生，Department of Philosophy, University of St. Andrews, St. Andrews, United Kingdom

Schultheiss, Oliver, Prof. Dr.，心理學教授，Chair for General Psychology II, Friedrich-Alexander University Erlangen

Selhub, Eva, M. D.，前醫學講師，Harvard Medical School；也曾擔任Benson Henry Institute for Mind-Body Medicine的前所長，Massachusetts General Hospital, Boston (Massachusetts), USA

Sheldon, Kennon, Ph. D.，心理學教授，Department of Psychology, University of Missouri, Columbia (Missouri), USA

Polderman, Tinca, Ph. D.，複雜性狀遺傳學教授，Center of Neurogenomics and Cognitive Research, Department of Complex Trait Genetics, Vrije University Amsterdam, Netherlands

Quoidbach, Jordi, Ph. D.，人事管理學暨組織學教授，ESADE Business School, Barcelona

Raes, Jeroen, Ph. D.，微生物學教授，Center for Microbiology, University Leuven, Belgium

Rahman, Qazi, M.D.，心理學高級講師，Department of Health Psychology, Department of Psychology, King's College London, UK

Reheis, Fritz, emeritus Prof. Dr.，作家、社會科學家暨前政治理論教授，Otto-Friedrich-University Bamberg

Rosa, Hartmut, Prof. Dr.，普通與理論社會學教授，Institute for Sociology, Friedrich Schiller University Jena

Ross, Michael, Ph. D.，心理學名譽教授，University of Waterloo, Waterloo (Canada)

Rubin, David, Ph. D.，心理學暨神經科學教授，Center for Cognitive Neuroscience, Duke Institute for Brain Sciences, Duke University, Durham (North Carolina), USA

Sánchez-Villegas, Almuenda, Ph. D.，臨床科學教授，Department of Clinical Sciences, University of Las Palmas de Gran Canaria, Spain

Metzinger, Thomas, Prof. Dr.，理論哲學教授，Philosophical Seminar, Johannes Gutenberg University Mainz

Milgram, Stanley, Ph. D.，前社會心理學教授，Graduate Center of City University New York (New York), USA，於一九八四年辭世

Neyer, Franz, Prof. Dr.，心理學教授，Institute for Psychology, Personality Psychology and Psychological Diagnostics, Friedrich Schiller University Jena

Nyström, Fredrik, M. D.，醫學暨健康科學教授，Department of Medical and Health Sciences, Division of Cardiovascula Medicine, Linköpings University, Linköping, Sweden

O'Boyle, Jamie, Ph. D.，文化研究資深分析師，Center for Cultural Studies & Analysis, Philadelphia (Pennsylvania), USA

Petterson, Sven, M. D., Ph. D.，神經老年醫學暨神經生物學教授，Department of Neurogeriatry, Department of Neurobiology, Care Sciences and Society, Karolinska Institute, Strockholm, Sweden

Pine, Karen, Ph. D.，前發展心理學教授，University of Hertfordshire, Hatfield, UK

Pinker, Steven, Ph. D.，心理學教授，Department of Psychology, Harvard University, Boston (Massachusetts), USA

Lowery, Brian, Ph. D.，組織行為學教授，Stanford Graduate School of Business, Stanford University, Stanford (California), USA

Lüdtke, Oliver, Prof. Dr.，教育暨心理學方法論教授兼系主任，Department of Educational and Psychological Methodology, Leibniz Institute for Science and Mathematics Education, University of Kiel

Maslow, Abraham, Ph. D.，前心理學教授，Brandeis University, Boston (Massachusetts), USA，於一九七〇年辭世

Mayer, Emeran, M. D.，醫學、生理學暨精神病學教授，Brain Research Institute, University of California in Los Angeles (California), USA

Mazmanian, Sarkis, Ph. D.，微生物學教授，California Institute of Technology, Pasadena (California), USA

McCrae, Robert, Ph. D.，心理學研究員，Gerontology Research Center of the National Institute on Aging, Bethesda (Maryland), USA

McFarland, Cathy, Ph. D.，心理學教授，Department of Psychology, Simon Fraser University, Burnaby (British Columbia), USA

Mehra, Ajay, Ph. D.，商學教授，Gatton College of Business and Economics, University of Kentucky, Lexington (Kentucky), USA

暨研究所所長，Institute for Forensic Psychiatry at the Charité, Berlin

Largo, Remo，前普通科主任暨作家，University Children's Hospital in Zurich

Leary, Mark, Ph. D.，心理學暨神經科學名譽教授，Duke University, Durham (North Carolina), USA

Lesch, Harald, Prof. Dr.，天文學暨天體物理學教授，Institute for Astronomy and Astrophysics, Ludwig Maximilians University, Munich

LeVine, Robert, Ph. D.，教育暨人類發展名譽教授，Harvard Graduate School of Education, Boston (Massachusetts), USA；目前為社會心理學教授，California State University, Fresno (California), USA

LeVine, Sarah, Ph. D.，人類學家，Harvard Graduate School of Education, Boston, Massachusetts, USA

Lieb, Klaus, Prof. Dr.，精神病學暨心理治療學教授，German Resilience Center and Clinic for Psychiatry and Psychotherapy, Mainz University Medical Center

Little, Brian, Ph. D., 心理學教授，Well-Being Institute and Social Ecology Research Group, Department of Psychology, Cambridge University, Cambridge, UK

六一年辭世

Kalbitzer, Jan, Dr.，精神病學與心理治療專家暨作家，Berlin

Kernis, Michael, Ph. D.，心理學教授，University of Georgia, Athens (Georgia), USA，於二〇〇六年辭世

King, Marcie，Department of Psychological and Brain Sciences, College of Liberal Arts and Sciences, University of Iowa, Iowa City (Iowa), USA

King, Margaret, Ph. D.，文化與消費行為專家，Center for Cultural Studies & Analysis, Philadelphia (Pennsylvania), USA

Knight, Rob, Ph. D.，兒科暨計算機科學與工程教授，Center for Microbiome Innovation, University of California in San Diego (California), USA

Kocher, Martin, Prof. Dr.，行為心理學教授，Institute for Advanced Studies, University of Vienna, Austria

Köhler-Forsberg, Ole, M. D.，精神病學教授，Department of Clinical Medicine, Psychosis Research Unit, University Aarhus, Aarhus, Denmark

Kosinski, Michal, Ph. D.，組織行為學副教授，Graduate School of Business, Center for Psychometrics, Stanford University, Stanford (California), USA

Kröber, Hans-Ludwig, emeritus Prof. Dr.，前法醫精神病學教授

Humanities & Sciences, Southern Methodist University, Dallas (Texas), USA

Hutteman, Roos, Ph. D.，心理學教授，Department of Psychology, University Utrecht, Netherlands

Jackson, Joshua, Ph. D.，性格科學教授，Personality Measurement and Development Lab, Washington University, St. Louis, Missouri, USA

Jaeggi, Eva, emeritus Prof. Dr.，前臨床心理學教授，Department of Clinical Psychology, Institute for Psychology, Technical University of Berlin

James, William，美國心理學家暨哲學家，於一九一〇年辭世

Jaursch, Stefanie, Prof. Dr.，前發展心理學教授，Institute for Psychology, Philosophical Faculty, University of Passau

John, Oliver, Ph. D.，性格心理學教授，Berkeley Personality Lab, University of California, Berkeley, California, USA

Johnson, Cheryl, Ph. D.，美國心理學家暨作家，Raleigh (North Carolina), USA

Johnson, John A., Ph. D.，前心理學教授，Institute of Psychology, Pennsylvania State University, State Collage (Pennsylvania), USA

Jung, Carl Gustav，瑞士精神病學家暨分析心理學家，於一九

Gilbert, Jack, Ph. D.，微生物生態學教授，Department of Surgery, Microbiome Center, University of Chicago, Chicago, Illinois, USA

Goldman, Brian, Ph. D.，心理學教授，Clayton State University, Morrow (Georgia), USA

Gosling, Samuel, Ph. D.，心理學教授，Department of Psychology, University of Texas, Austin (Texas), USA

Greve, Werner, Prof. Dr.，心理學教授，Institute for Psychology, Department for Education and Social Sciences, University of Hildesheim

Hannover, Bettina, Prof. Dr.，心理學教授，School and Teaching Research Division, Free University of Berlin

Harris, Judith, Ph. D.，美國心理學家，於二〇一八年辭世

Haslam, Nick, Ph. D.，心理學教授，University of Melbourne, Australia

Holzer, Peter, Prof. Dr.，藥理學教授，Department of Pharmacology, Medical University of Graz, Austria

Hsiao, Elaine, Ph. D.，綜合生物學暨生理學教授，Brain Research Institute, University of California in Los Angeles, Los Angeles (California), USA

Hudson, Nathan, Ph. D.，心理學教授，Dedman College of

Falkai, Peter, Prof. Dr.，精神病學教授，Clinic for Psychiatry and Psychotherapy, Clinic of the Ludwig Maximilians University in Munich

Finegold, Sydney, Ph. D.，微生物學暨免疫學教授，University of California, Los Angeles (California), USA，於二〇一八年辭世

Fleeson, William, Ph. D.，心理學教授，Department of Psychology, Wake Forest University, Winston-Salem (North Carolina), USA

Fletcher, Ben, Ph. D.，心理學暨運動科學教授，University of Hertfordshire, Hatfield, UK

Freisleder, Franz Joseph, Prof. Dr.，精神病學暨神經病學教授兼醫療主任，Heckscher Clinic for Child and Adolescent Psychiatry, Psychosomatics and Psychotherapy, Munich

Freud, Sigmund，奧地利神經病學家暨心理學家，於一九三九年辭世

Freund, Alexander, Prof. Dr.，差異心理學暨心理診斷學教授，Institute for Psychology, Leuphana University Lüneburg

Gabriel, Markus, Prof. Dr.，哲學教授，Chair for Epistemology, Modern and Contemporary Philosophy, Institute for Philosophy, Rhenish Friedrich Wilhelm University of Bonn

Galinsky, Adam, Ph. D.，工商管理學教授，Columbia University, New York (NY), USA science, National Institute on Aging, National Institutes of Health, Bethesda (Maryland), USA

Denissen, Jaap, Prof. Dr.，發展心理學教授，Department of Developmental Psychology, Tilburg School and Behavioral Sciences, University of Tilburg, Tilburg, Netherlands

Dijk, Derk-Jan, Ph. D.，睡眠暨生理學教授，Surrey Sleep Research Center, University of Surrey, Guildford, UK

Dinan, Timothy, M.D., Ph.D.，精神病學教授，Clinic for Treatment Refractory Depression, University College Cork, UK

Donner, Tobias, Prof. Dr.，醫學教授，Center for Experimental Medicine, Institute for Neurophysiology and Pathophysiology, Eppendorf University Medical Center, Hamburg

Duñabeitia, Jon Andoni, Ph. D.，認知科學教授，Center of Cognitive Science, Nebrija University, Madrid, Spain

Eagleman, David, Ph. D.，神經科學教授，Department of Psychiatry & Behavioral Sciences, Stanford University School of Medicine, Stanford, California, USA

Egloff, Boris, Prof. Dr.，性格心理學暨心理診斷學教授，Psychological Institute, Johannes Gutenberg University Mainz

Ettinger, Ulrich, Prof. Dr.，心理學教授，Department for General Psychology I, Institute for Psychology, Rhenish Friedrich Wilhelm University of Bonn

Brandtstädter, Jochen, emeritus Prof. Dr.，前心理學教授，Department of Psychology, Developmental Psychology Department, University of Trier

Breithaupt, Fritz, Ph. D.，文學研究教授，Department of Germanic Studies, Indiana University, Bloomington (Indiana), USA

Burger, Jerry, Ph. D.，社會心理學教授，Department of Psychology, College of Arts and Sciences, Santa Clara University, Santa Clara (California), USA

Cajochen, Christian, Prof. Dr.，時間生物學教授，Center for Chronobiology, University Psychiatric Clinics Basel

Caspi, Avshalom, Ph. D.，心理學教授，Department of Psychology and Neuroscience, Psychiatry & Behavioral Sciences, Duke Center for Genomic and Computational Biology, Duke University, Durham (North Carolina), USA

Chee, Michael, Ph. D.，精神病學暨行為科學教授，Department of Psychiatry & Behavioral Sciences, Translational Neuroscience, School of Medicine, Duke University, Durham (North Carolina), USA

Clark, Margaret, Ph. D.，心理學教授，Clark Relationship Science Laboratory, Yale University, New Haven (Connecticut), USA

Costa, Paul, Ph. D.，名譽院士，Laboratory of Behavioral Neuro-

Aarhus University, Denmark

Birbaumer, Niels, Prof. Dr. Dr. hc mult.，前醫學心理學暨行為神經生物學教授，Institute for Medical Psychology and Behavioral Neurobiology, University of Tübingen and Wyss Center of Bio- and Neuroengineering, Geneva

Bleidorn, Wiebke, Ph. D.，心理學教授，Department of Psychology, University of California in Davis (California), USA

Block, Jack, Ph. D.，前心理學教授，Institute of Psychology, University of California in Berkeley (California), USA，於二〇一〇年辭世

Block, Jeanne, Ph. D.，前心理學教授，Institute of Psychology, University of California in Berkeley (California), USA，於一九八一年辭世

Bohórquez, Diego, Ph. D.，神經生物學暨病理學教授，Institute for Brain Sciences, Duke University, Durham (North Carolina), USA

Boutwell, Brian, Ph. D.，犯罪學暨刑法學教授，Department of Epidemiology, School of Social Work and School of Medicine, Saint Louis University, St. Louis, Missouri, USA

Boyce, Christopher, Ph. D.，生物暨環境科學名譽研究員，University of Stirling, Stirling, UK

附錄

相關專家學者名錄

Asendorpf, Jens, emeritus Prof. Dr.，前心理學暨性格心理學教授，Institute for Psychology, Personality Psychology, Humboldt University Berlin

Avinun, Reut, Ph. D.，心理學教授，Department of Psychology and Neuroscience, Duke University, Durham (North Carolina), USA

Baron, Robert, Ph. D.，管理學教授，Spears Chair of Entrepreneurship, Spears School of Business, Oklahoma State University, Stillwater (Oklahoma), USA

Baumeister, Roy, Ph. D.，心理學教授，School of Psychology, University of Queensland, Australia

Bercik, Premsyl, M.D.，腸胃病學教授，Department of Medicine, McMaster University, Hamilton, Canada

Berntsen, Dorthe，心理學教授，Department of Psychology and Behavioral Sciences, School of Business and Social Sciences,

CF00427

個性：不只成為自己，更要超越自己

作者—克莉絲蒂娜・伯恩特
譯者—王榮輝
主編—郭香君
責任企劃—張瑋之
封面設計—江孟達工作室
內頁排版—極翔企業有限公司

編輯總監—蘇清霖
董事長—趙政岷
出版者—時報文化出版企業股份有限公司
108019臺北市和平西路三段二四〇號四樓
發行專線—（〇二）二三〇六—六八四二
讀者服務專線—〇八〇〇—二三一—七〇五・（〇二）二三〇四—七一〇三
讀者服務傳真—（〇二）二三〇四—六八五八
郵撥—一九三四四七二四時報文化出版公司
信箱—一〇八九九臺北華江橋郵局第九九信箱

時報悅讀網—http://www.readingtimes.com.tw
綠活線臉書—http://www.facebook.com/readingsgreenli
法律顧問—理律法律事務所　陳長文律師、李念祖律師
印刷—勁達印刷有限公司
初版一刷—二〇二一年九月三日
定價—新台幣三八〇元
（缺頁或破損的書，請寄回更換）

時報文化出版公司成立於一九七五年，
並於一九九九年股票上櫃公開發行，於二〇〇八年脫離中時集團非屬旺中，
以「尊重智慧與創意的文化事業」為信念。

個性：不只成為自己，更要超越自己/克莉絲蒂娜・伯恩特（Christina Berndt）著；王榮輝譯. -- 初版. -- 臺北市：時報文化出版企業股份有限公司, 2021.09
面；　公分. --（人生顧問）
譯自：Individuation Wie wir werden, wer wir sein wollen, Der Weg zu einem erfüllten Ich.
ISBN 978-957-13-9255-4（平裝）

1. 人格心理學　2. 個性　3. 自我實現

173.7　　110011809

ISBN 978-957-13-9255-4
Printed in Taiwan